MAIN SANS JAMBES

Etienne Beudant

MAIN SANS JAMBES...

Extraits

© 2023 Étienne Beudant & Joël Choqueux
Édition : BoD - Books on Demand, info@bod.fr
Impression : BoD – Books on Demand,
In de Tarpen 42, Norderstedt (Allemagne)
Impression à la demande

ISBN : 978-2-3224-8846-9
Dépôt légal : Octobre 2023

INTRODUCTION

Main sans jambes , publié en 1945, Beudant a alors 82 ans, il vit à Dax où il s'est retiré, il est brisé physiquement, la souffrance ne le quitte pas. Il vit avec ses souvenirs qu'il publie en même temps et regrette de ne plus pouvoir s'occuper d'équitation, art qui l'a tant passionné.

René Bacharach qui l'a rencontré à la fin de sa vie, affermit l'admiration qu'il avait déjà ressentie en lisant son œuvre :

« Quelle énergie et quelle douceur dans la pression de la main de l'écuyer. Sous sa brosse de ses cheveux blancs, son visage était empreint de bonté, de sagesse, de maîtrise de soi. Des traits fins, pour ainsi dire sans rides. Une joie certaine éclairait ce visage à l'évocation de ses chevaux et de leurs prouesses, ses yeux d'un gris bleu intense y brillaient de simplicité et d'humour ».

Main sans jambes publié au soir de sa vie est en quelque sorte le testament équestre d'Étienne Beudant. Je n'ai gardé dans la présente édition que la partie « équitation » de l'ouvrage. Beudant l'a rédigé sous forme de lexique, comme Baucher l'avait fait pour son « dictionnaire » ; ainsi que l'épilogue.

Il a résumé sans les falsifier les principes du général Faverot de Kerbrech, lui-même élève de Baucher.

Quand il s'engagea dans l'armée à l'âge de vingt ans, Étienne Beudant fut affecté au 23ème Dragons à Meaux, commandé par le colonel Faverot de Kerbrech. C'est donc là qu'il fit sa connaissance.
Pour autant, il ne fut pas directement son élève. Les cours dispensés par le colonel aux officiers n'étaient pas accessibles aux subalternes.
Cependant, Beudant disposait de qualités natives… les acquises viendront plus tard.
Comme il était doué naturellement, on lui confia des chevaux dont la plupart étaient rétifs. Et pour cause, on les poussait sur le mors, ce dont Beudant avait horreur, comme d'ailleurs les déplacements d'assiette. C'était le « tiré poussé » revenu à la mode. « Le cheval paraissait toujours tenir son mors avec ses dents » disait-il.
Faverot monta l'un de ses chevaux rétifs : *Conspirateur*, qui partait au galop dès qu'on l'enfourchait, sans faire attention aux obstacles qu'il renversait et si son cavalier tentait de l'arrêter, il se cabrait dangereusement. « Il aurait aussi bien sauté dans l'eau que dans le feu » dit Beudant. Faverot obtient des résultats spectaculaires avec ce cheval, ce qui enthousiasma Beudant.
Deux lieutenants qui suivaient les cours de Faverot l'instruisirent à la méthode du colonel, qu'il tenait lui-même du grand Baucher.

Puis ce fut la mutation en Afrique du Nord, les chevaux barbes, arabes, anglo, demi-sang comme Robersart croisement pur-sang anglais/barbe.

Victime d'un accident de cheval dont il s'est mal remis à cause des fractures mal réduites et de mauvais soins, Beudant était atteint de périostite extrêmement douloureuse. Pour monter, il se fit fabriquer des bottes en peau de chèvre, très souple, mais pas réglementaires. C'est un point commun avec Baucher dont il admirait le génie par l'entremise de Faverot, l'élève de Baucher dont il garda précieusement le livre : « *dressage méthodique du cheval de selle* ». Il le garda tant qu'il pouvait monter à cheval puis il l'offrit à un camarade de promotion de Saumur, persuadé qu'il en ferait bon usage.

« Dès que j'ai connu le principe de cette méthode, je me suis efforcé de l'appliquer et aussitôt que j'ai pu étudier les enseignements qu'elle contient, j'en ai été tellement enthousiasmé que j'ai tâché de les faire connaître le plus possible afin d'éviter aux chevaux les mauvais traitements auxquels je les voyais en butte, non par méchanceté, mais par une fausse interprétation de principes mal compris par les cavaliers qui voulaient les dresser ».

PROLOGUE

Dès leur jeune âge, tous les chevaux passagent changent de pied au galop et sautent facilement, mais, quand nous les montons, ils ne savent même plus marcher. La véritable cause de la maladresse du jeune cheval est l'opposition que nous faisons à son équilibre en l'empêchant de disposer, comme il le ferait naturellement, du poids de son corps, de sorte qu'il se raidit et perd ses facultés, de même que la frayeur est la cause de notre impuissance à savoir nager spontanément comme tous les animaux savent le faire.

Note : *Certains chevaux changent de pied assez facilement, d'autres non. Alors, on a tendance, quand ils commencent à changer de pied sur la ligne droite à le faire toujours au même endroit, ce qui facilite la tâche, mais c'est une erreur, car ils finissent par changer de pied à cet endroit précis, sans qu'on leur demande.*

Depuis longtemps, je crois, il n'y a plus que deux méthodes en usage :

1) **Celle du comte d'Aure.** Il faut pousser sur le mors et agir des aides par effets diagonaux.

La bouche du cheval doit être constamment en contact avec le mors. Si la main diminue le contact, le cheval allonge l'encolure et baisse la tête.

Cette descente d'encolure se fait moelleusement quand elle est provoquée par des écuyers, mais tous ceux qui la recherchent ne l'obtiennent pas ainsi, tant s'en faut.

Les hommes de talent, les écuyers du cadre noir, arrivent par cette méthode aux plus brillants résultats. Mais, la plupart des autres cavaliers qui croient l'appliquer, abiment, quand ils ne les rendent pas rétifs, les meilleurs chevaux, et ils transforment les principes du comte d'Aure en « Tirez dessus, tapez dedans ».

Combien rencontre-t-on d'officiers ou d'amateurs qui font preuve de constance et d'un grand désir de bien faire, et qui vous disent fièrement et de bonne foi : J'ai réussi à baisser mon cheval, il est maintenant parfait, il court après son mors ; il galope le nez à terre comme un chien qui quête !

Cette méthode utilise les effets diagonaux.

Effets diagonaux. — En tirant sur la rêne droite et en poussant les hanches du talon gauche, la tête (surtout le bout du nez) et les hanches sont portées vers la droite, mais les épaules ne les suivent pas facilement puisqu'elles ne sont sollicitées directement par aucune force, et que, de plus, l'épaule gauche qui devrait dépasser la droite pour éviter, reste en arrière, surchargée qu'elle est du poids de l'encolure. Enfin, l'action de la rêne droite, gêne le jeu de l'épaule droite. Il faut en conclure que les effets diagonaux qui donnent d'ailleurs au cheval, l'habitude de se placer de travers aux différentes allures,

Notes : travailler un cheval le nez par terre peut présenter, quelques avantages, comme l'arrondir, faire monter le garrot ou l'obliger à se « pousser de derrière », possible...pas sûr ; mais aussi des inconvénients, comme accentuer le report de poids sur les épaules, fragilisant les tendons, surtout ceux des chevaux sensibles et aussi une tendance à « s'enfermer ». Je n'utilise pas ce procédé contraire à la recherche d'un équilibre centré. Le cheval ne doit pas chercher des truffes, bien qu'on en trouve en Normandie. Le cheval c'est une balance.
En revanche je suis favorable aux effets diagonaux des aides quand il s'agit de redresser un cheval. Quand le cheval est dressé les aides latérales suffisent pour le départ au galop, puis la jambe seule, puis la main seule. Cependant pour le reste il ne faut jamais oublier la rêne contraire.

2° **L'autre méthode, celle de BAUCHER**, a été mise en lumière par le général L' HOTTE et par le général FAVEROT de KERBRECH qui l'a illustrée à jamais par son « Dressage méthodique du cheval de selle ».

Cette méthode est la plus simple parce que, contrairement à ce qu'on lui reproche, elle est la plus facile à employer, et celle qui donne les meilleurs résultats, sans jamais exposer celui qui l'applique à rendre ses élèves rétifs, permet, au contraire, de vaincre la rétivité la plus opiniâtre, même chez un sujet méchant.
Elle dit **« Main sans jambes, jambes sans main »** pour le dressage et tant qu'il n'y a pas de raison de s'écarter de ce principe pour appliquer « l'effet d'ensemble » ou pour manier le cheval dressé; encore, pour ne pas provoquer de résistance, doit-on se borner à ne laisser que des intervalles inappréciables entre les effets alternatifs de mains et de jambes, sans opposer la main aux jambes ni inversement.
Elle est la plus logique parce qu'elle ne contrarie pas le cheval en opposant la main aux jambes qui doivent pousser, ou les jambes à la main. C'est là du reste le moyen qu'ont naturellement employé tous les peuples cavaliers et, chez eux, personne n'a jamais pensé, j'en suis bien sûr, que pour faire reculer un cheval, il faut le pousser en avant par les jambes afin qu'après s'être heurté contre le mors, il ricoche en arrière. C'est pourtant ce qui nous a été maintes fois appris jadis.

En définitive, surtout pour les gens peu experts, le plus sage est de se borner, comme moi, à se servir de *la main sans les jambes et des jambes sans la main.*
Dans l'emploi simultané de la main et des jambes, les jambes corrigent instinctivement en effet, les fautes commises par la main, et réciproquement, la main corrige les fautes commises par les jambes. Au contraire, l'emploi isolé des aides supérieures et des aides inférieures ne corrige pas ces fautes à l'insu du cavalier, lequel peut alors les apprécier et se rendre compte que lui-même provoque souvent la résistance, a écrit le général en déterminant soit dans un sens, soit dans un autre, un surcroit inopportun de force ; qu'il fait presque toujours trop, et, que partant, *moins il fera, mieux il fera.*
Même pour l'équitation ordinaire, le plus sage et le plus pratique, est donc d'agir le moins possible sur le cheval et de la façon qui le contrarie le moins

Notes :
Le principe de main sans jambes et réciproquement est dû à Baucher, son corollaire est la descente de main (en réalité descente de main et de jambes).
Ces principes conduisent à une équitation dont le but est la recherche de légèreté. Le cheval se tient seul, il se « plaît dans son air, il est en « liberté sur parole, dira-t-on. Ce n'est pas l'équitation que l'on observe aujourd'hui dans les épreuves de « dressage » où le cheval est tenu, tendu, semblant s'accrocher à son

mors, comme s'il avait besoin d'une cinquième jambe pour se tenir.

En dressage surtout, appliquer le principe « main sans jambes » tant qu'on n'a pas besoin de se servir de « l'effet d'ensemble sur l'éperon » comme moyen de contrainte. Mais cette phrase ne signifie pas qu'il est interdit d'employer la main en même temps que les jambes ou réciproquement ; elle prescrit qu'il ne faut pas opposer ces aides l'une à l'autre. Ces aides doivent, au contraire se prêter très souvent un mutuel secours. Ainsi, quand les jambes apprennent au cheval à se porter en avant, la main doit les aider en le guidant afin qu'il n'oscille pas à droite et à gauche. Dans l'appuyer, la rêne opposée au côté lequel on marche aide la jambe du même côté à pousser le cheval, tandis que l'autre rêne empêche le cheval d'avancer sous l'action de la jambe du même côté.

Notes : « tant qu'on n'a pas besoin ». Ce qui veut dire qu'il y a des exceptions. Ce que confirme le général Wattel dans les notes qu'il rédigea à propos de l'équitation. « L'action de main doit être aussi légère que possible et diminuer dès que le cheval commence à obéir. Il faut veiller à ce que l'action de la main et celle des jambes ne soient pas en contradiction. C'est de cette constatation que découle le principe de main sans jambes et jambes sans main. C'est vrai pour l'équitation courante, mais dès qu'il s'agit de rassembler, d'équitation plus savante, on est bien obligé d'accorder main et jambes agissant ensemble ».

Ce qui me fait penser à la phrase de Luc Pirick : « il y a deux mots qu'il ne faut jamais utiliser en équitation : « jamais et toujours ».

De l'éperon.

« L'obéissance du cheval à l'éperon doit être celle d'un fils à son père. Obéissance complète, exempte de toute hésitation, soudaine s'il le faut, mais jamais empreinte de brusquerie ou de mauvaise humeur. Le cavalier doit être absolument calme. » Beudant.

« Le cheval ne doit pas être plus braqué sur le mors, ni être plus insensible à l'éperon qu'au mors »

Voilà ce qu'en disait Pluvinel au XVIème siècle, instructeur du roi Louis XIII :
Qu'entendez-vous, dit le roi, par pincer?
Sire, pincer son cheval, lorsqu'il manie, est presser tout doucement les deux éperons, ou l'un d'iceux, contre son ventre, non de coup, mais serrant délicatement, ou plus fort selon le besoin à tous les temps, ou lorsque la nécessité le requiert, afin que par l'accoutumance de cette aide, il se relève un peu, ou beaucoup, selon l'affermance de laquelle le chevalier advisera. Cette aide qui est véritablement tout le subtil de la vraie science, et pour le chevalier et pour le cheval, que j'ai nommée la délicatesse principale de toutes les aides dont l'intelligence est la plus

nécessaire à l'homme et au cheval, et sans laquelle il est impossible au chevalier de faire manier son cheval de bonne grâce ; d'autant que le cheval n'entendant, ne cognoissant et ne souffrant les aides des talons, s'il a besoin d'être relevé, animé, ou châtié, il n'y aura nul moyen de le faire, car le coup d'éperon est pour le châtiment, et les jambes et la fermeté des nerfs, pour les aides; mais où il ne répondrait pas assez rigoureusement aux aides de la jambe, il faudrait en demeurer là, si le cheval ne souffrait le milieu d'entre le coup d'éperon et l'aide de la jambe, qui est le pincer que je viens de dire, et que fort peu de gens pratiquent volontiers par faute de savoir. »

Comme cette définition était rapportée par le comte d'Aure dans son « Cours d'équitation », elle ne plaisait pas à Baucher qui devait la trouver confuse.

Baucher qui se servait, entr'autres de l'éperon pour calmer un cheval, écrit dans sa méthode :

« L'abus de l'éperon aurait les plus grands inconvénients, et comme on l'a déjà dit : « l'éperon est un rasoir dans les mains d'un singe ». Plus que jamais l'action de la main doit être intelligente et d'accord avec l'emploi de l'éperon ».

Nota bene : Il faut rejeter les éperons à longs collets. Celui-ci ne doit pas dépasser 3 à 4 cm. Proscrire les molettes à dents acérées, seules les molettes sans dents peuvent être admises. L'idéal est d'avoir des éperons genre « prince de Galle » à bouts arrondis.

Quand le cheval est « dressé » à l'éperon, les jambes suffisent, normalement, mais pas toujours, car l'activité n'est pas le propre d'un cheval qui agit beaucoup, mais d'un cheval qui agit facilement. C'est un trait de caractère, inné, comme chez les humains.
L'éperon transmet l'impulsion qui est la base de l'équitation. « Au commencement était l'action ». (Goethe). Mais seule elle ne suffit pas, l'équilibre est indispensable, il s'obtient par la rectitude et c'est la légèreté qui en résulte. L'équilibre du premier genre conduit à la haute école. Le cheval est actif derrière et léger devant. Ensuite la position est un préalable qui conditionne le mouvement qui est la résultante de ces deux composantes que sont la position et l'action.

DÉFINITIONS ET BASES DU DRESSAGE

« La volonté du cavalier se transmet au cheval par le langage des aides ».
Les aides donnent à l'animal l'action et la position.

Action. — L'action est la force d'impulsion nécessaire à l'obtention du mouvement cherché. Elle provoque la détente des ressorts qui supportent la masse.

Position. — La position est la répartition normale du poids sur les quatre membres en raison du mouvement demandé. Elle a pour conséquence ou pour complément la disposition des rayons articulaires appropriés à cette répartition du poids.

Mouvement. — La position se combinant avec l'action produit le mouvement lequel n'est que le résultat naturel de ces deux causes génératrices. Le passage du mouvement à l'inaction s'obtient aussi en partant de la position particulière qui amène ou qui permet l'annulation de l'action.

Équilibre. — La facilité plus ou moins grande avec laquelle le cavalier modifie la répartition du poids sur les quatre membres pour donner les différentes positions, indique le degré d'équilibre du cheval ; c'est-à-dire que plus le déplacement du poids est facile dans tous les sens, plus l'équilibre est parfait. En vertu de ce principe, on dit que le cheval est en équilibre quand de simples indications suffisent au cavalier pour modifier à son gré la disposition du poids sur ses colonnes de soutien.

Le cheval en liberté est toujours en équilibre ; il est maître de ses forces et il passe aisément d'une allure à une autre. Monté, il est en équilibre quand l'équilibre du cavalier se confond, s'harmonise avec le sien ; que le centre de gravité du cavalier et celui du cheval ne font qu'un.

Il est par conséquent logique de chercher toujours à laisser au cheval le plus possible de liberté, à se tenir d'aplomb en selle afin de ne pas gêner l'équilibre de l'animal pour qu'il puisse disposer du poids de son corps chargé du poids du cavalier.

Pour tendre vers cet idéal, il semble rationnel de procéder comme on le fait pour éduquer un être quelconque : éviter par dessus tout de provoquer l'aversion de l'élève pour le travail qu'on lui demande ; l'intéresser au contraire à ce travail, mais lui montrer, si c'est nécessaire, par des moyens fermes et exempts de brusquerie qu'il est obligé d'obéir...

De la légèreté. — On entend par ces mots « légèreté » la qualité du cheval qui obéit aux aides sans peser à la main, sans que celle-ci éprouve la sensation d'un poids plus ou moins difficile à déplacer ou d'une force qui résiste à son action.

La légèreté se reconnaît donc à l'absence de résistance aux effets du mors de bride ou du mors de filet ; la simple demi-tension d'une ou de deux rênes doit provoquer la mobilité moelleuse de la mâchoire inférieure sans que la tête bouge, sans que l'ouverture de la bouche soit sensiblement apparente et la langue de l'animal doit faire alors sauter l'un des mors sur l'autre, ce qui produit par moments un bruit argentin ; ajoutons que cette mobilité moelleuse doit persister pendant un certain temps et non cesser brusquement. La légèreté est pour le cavalier l'indice révélateur et infaillible de l'équilibre de son cheval tant qu'elle subsiste sans altération.

La légèreté doit s'obtenir par la demi-tension des rênes agissant graduellement et lentement ; si le cavalier obtient ainsi la légèreté, mais la légèreté telle qu'elle vient d'être définie, il doit s'empresser de rendre ; l'animal est en équilibre, il est prêt à recevoir l'action et la position pour tout mouvement qui pourra lui être demandé. Si on ne peut l'obtenir même en augmentant la tension des rênes, on rompt les résistances de poids par le demi-arrêt, et les résistances de force (contractions de la mâchoire) par la vibration.

Du demi-arrêt. — Pour donner le demi-arrêt voici comment on opère si l'on est à cheval : sans cesser le contact de la bouche et sans se rapprocher d'abord du corps du cavalier la main se contracte énergiquement le poing fermé, en se contournant vivement, les doigts aussi en dessus que possible. Puis elle augmente presque instantanément son action sur l'arrière et en proportionnant la puissance de son effet à la résistance rencontrée.

Le demi-arrêt se donne sur une rêne ou sur les deux rênes en même temps de la bride ou du filet indistinctement, et ne doit jamais faire reculer.

De la vibration. — La vibration est une sorte de frémissement imprimé à l'un des mors soit en agissant directement sur lui à pied, soit en agissant à cheval des deux rênes ou de l'une d'elles.

Il y a loin de ce frémissement avec les secousses inconséquentes trop souvent employées.

Comme le demi-arrêt, la vibration se donne indifféremment sur le filet ou sur la bride ; elle dure une ou plusieurs secondes et est forte ou faible en raison de la résistance rencontrée. Mais elle ne doit pas varier d'intensité pendant son application ; elle ne doit pas non plus faire reculer.

Si donc le cavalier a rencontré une résistance de poids, il la combat par un ou plusieurs demi-arrêts s'il est nécessaire ; si c'est une résistance de force, il emploie la vibration répétée plusieurs fois s'il le faut. Puis aussitôt qu'il croit les résistances annulées, il sent de nouveau la bouche de son cheval en donnant aux rênes dont il s'est servi une demi-tension qui,

augmentée pendant un certain temps, doit amener la légèreté si les résistances ont effectivement disparu.
C'est la « preuve » de l'opération. Si l'emploi de cette force lente ne produit pas la légèreté au bout de quelques secondes, c'est que l'opération a été mal faite faut alors avoir recours encore aux demi-arrêts ou aux vibrations selon le cas, mais en s'efforçant de redoubler de délicatesse et de tact. Si le cheval, tout en étant arrêté, s'inquiète, se tracasse, il faut avant de demander la légèreté, obtenir l'immobilité complète.
Cette immobilité complète s'obtient sûrement on le verra plus tard, à pied par la cravache sur le rein et monté par un effet d'ensemble sur l'éperon.
Si la mâchoire ne cède pas, ce qui est rare sinon exceptionnel, il faut avoir recours aux flexions de mâchoire, et le plus simple est d'opérer à pied ; le cheval les faisant bien ainsi, on les obtiendra, monté, sans difficulté.

« La mobilité de la bouche n'est pas une suite de mouvements « convulsifs et saccadés de la mâchoire et de la langue qui produisent un cliquetis rageur des mors ; c'est un mouvement souple, discret, moelleux d'une langue qui remonte de quelques millimètres, comme pour une déglutition, avec une mâchoire à peine ouverte, tandis que les mors font entendre le « discret murmure » dont parle le général L'HOTTE. Mais cela s'obtient par les actions d'une main délicate et expérimentée, qui sait sentir jusqu'à l'ombre d'une résistance opposée à la sienne, calculée au

milligramme sans cesser un instant de laisser passer l'impulsion *et rendre dès que la cession est obtenue, pour reprendre insensiblement dès que l'équilibre s'altère. (Commandant DECARPENTRY).*

La main. — Pour amener la légèreté, la main se fixe sans jamais se rapprocher du corps du cavalier, les doigts exerçant sur les rênes une pression lente qui doit faire céder la mâchoire.

Si cette « force lente n'arrive pas à décontracter la bouche du cheval, il faut avoir recours aux vibrations pour les résis tances de force et aux demi-arrêts pour les résistances de poids.

La bouche. — La chose essentielle pour la sécurité du cavalier est de pouvoir tenir, retenir ou arrêter son cheval. D'autre part, le cheval ne peut contracter une partie de son corps pour résister au cavalier, sans contracter la mâchoire. La chose la plus importante en commençant est donc de s'assurer que la bouche du cheval n'est pas « braquée » et de tâcher d'obtenir un peu de légèreté par des flexions de mâchoires faites de pied ferme, si c'est nécessaire. Certains allèguent que les assouplissements pratiqués de pied ferme ne présentent pas de certitude parce qu'ils négligent la cause (rein) pour s'attacher à l'effet (raideur de la bouche). Sans chercher à distinguer l'effet de la cause, je pose cette question :

« Pour faire d'un jeune cavalier un trompette, est-il logique, afin de lui assouplir les lèvres, de lui apprendre à faire de pied ferme des appels de langue, ou bien, vaut-il mieux le faire commencer tout de suite à cheval aux grandes allures ? »

Flexions. — De la façon dont seront faites les flexions dépendra en grande partie le dressage du cheval, car il est très difficile de reprendre un cheval qui a été mal éduqué sous ce rapport.
Il arrive souvent que pour demander une flexion de mâchoire le cavalier fait sentir le mors sur les barres, puis il rend tout dès que le cheval pour échapper à la gêne que lui cause le mors, place brusquement sa tête verticalement en ouvrant la bouche et en relâchant plus ou moins la mâchoire inférieure. Cette flexion est vicieuse et très dangereuse, car presque toujours, un cheval ainsi manié s'assouplit de l'encolure et place sa tête verticalement, souvent même en dedans de la verticale pour fuir le mors ; il échappe alors à toute action de la main qui ne trouve plus aucun moyen de se faire comprendre (en dedans de la main).
Ce n'est pas sur la tête qu'il faut agir ; elle doit rester haute et immobile où le cavalier la place ; le but est de mobiliser la mâchoire inférieure, la langue fait alors sauter le mors, la bouche s'entr'ouvre très peu, moelleusement, sans raideur, et après la flexion, la tête ne doit pas se déplacer. Pour toutes les flexions,

le cavalier doit élever la tête du cheval le plus possible :

1 Avec les deux rênes de bride.

Pour cette première flexion, le cavalier se place d'abord à gauche et à hauteur de l'extrémité antérieure de l'encolure. Il tient la rêne droite de bride de la main droite, à seize centimètres du mors, et la rêne gauche à dix centimètres seulement. Puis il élève la tête de l'animal le plus possible et rapproche légèrement et progressivement la main droite de son corps en éloignant la gauche. Si cet effet, continué pendant plusieurs secondes, n'amène pas la légèreté, il emploie le demi-arrêt ou la vibration selon le cas, mais en les appliquant sur la rêne gauche ; dès que la mâchoire se mobilise moelleusement, il rend.

Puis le cavalier se place à droite du cheval et redemande la même flexion par les moyens inverses en agissant sur la barre gauche.

2 Avec les deux rênes de filet.

Le cavalier revient du côté montoir, et après avoir élevé l'encolure, croise les rênes de filet sous la barbe, de manière à tenir à seize centimètres du mors la rêne gauche dans la main droite et la rêne droite dans la main gauche.

Il demande la légèreté en marquant une traction égale et progressive sur les deux rênes à la fois, et rend dès qu'elle se manifeste.

3 Avec une rêne de filet et celle de bride du même côté.

Elle se fait en se plaçant d'abord à gauche et en prenant la rêne de filet de ce côté dans la main gauche et la rêne gauche de bride dans la main droite. On élève la tête et l'encolure, puis on provoque l'écartement des mâchoires en portant le poignet gauche en avant du cheval et le droit vers l'épaule du côté montoir.

S'il faut vaincre des résistances, on donne les demi-arrêts ou les vibrations sur le filet seul. Dès que la mâchoire se mobilise, on rend. On répète cette flexion en se plaçant à droite de l'animal et en la demandant avec les autres rênes.

4 Flexion directe de mâchoire.

Pour la flexion directe de mâchoire, le cavalier se place devant le cheval, tenant une rêne de filet dans chaque main et commence par élever l'encolure et la tête le plus possible en se servant du demi-arrêt s'il est nécessaire, puis il demande la légèreté par une demi-tension égale et continue des rênes de bas en haut et d'avant en arrière, de manière que le mors n'agisse que sur la commissure des lèvres.

Si au bout de quelques secondes cette force lente n'amène pas la légèreté le cavalier emploie le demi-arrêt ou la vibration suivant le cas. Puis il sent encore la bouche.

Si ce nouveau contact moelleux n'amène pas la légèreté, il recommence les mêmes effets jusqu'à ce qu'il l'ait obtenue.

Cette même flexion se répète ensuite avec les deux rênes de bride. On fait ensuite les mêmes flexions en prenant les anneaux du filet, puis les branches du mors de bride.

5 *Flexions de mâchoire et d'encolure.*

Puis on passe, aux flexions semi-latérales de mâchoire et d'encolure.

Les rênes étant passées sur l'encolure, le cavalier étant à hauteur de l'épaule gauche, saisit avec la main droite la rêne du filet du côté hors montoir et la tend en l'appuyant sur la base de l'encolure. L'autre rêne de filet est tenue avec la main gauche à 3o centimètres du mors et sert d'abord à élever le plus possible la tête de l'animal.

Il demande la légèreté par une pression sur le côté droit de la commissure des lèvres qui produise un huitième de flexion d'encolure. Les demi-arrêts et les vibrations se donnent, s'il y a lieu, sur la rêne gauche. Il répète sur l'autre rêne de filet, puis, d'après les mêmes principes, sur chaque rêne de bride.

On a soin, entre ces différentes flexions, de laisser le cheval au repos en quittant complètement les rênes pendant une ou deux minutes chaque fois qu'il est bien léger. On l'habitue ainsi à se soutenir de lui-même. On le punit par des demi - arrêts quand il déplace sa tête ou qu'il abaisse son encolure.

DE L'OBÉISSANCE AUX JAMBES

De même que le cheval doit être léger à la main, de même il doit être léger aux jambes.

L'animal étant arrêté, si la main ne marque pas d'opposition, la pression simultanée et égale des jambes du cavalier doit produire instantanément la marche en avant : progression lente, calme, si leur action a été faible ; progression rapide, énergique, furieuse même si leur effet a été fort en proportion.

Lorsque le cheval est en mouvement, le contact des mollets doit de même amener une accélération d'allure proportionnée à leur pression.

De pied ferme ou en marche, l'approche d'une seule jambe du cavalier doit faire fuir la croupe du côté opposé, doucement si son action est très légère, vivement si elle est plus marquée. Mais la pression d'une jambe devant avoir pour résultat de produire ou d'accélérer la marche en avant, il est essentiel au moins dans le principe, que la main faisant barrière reçoive cette impulsion pour la gouverner, sans quoi la jambe serait obligée d'employer une très grande force pour obtenir un effet toujours incomplet.

Quand on approche les deux mollets, si leur simple contact ne donne pas immédiatement ou ne rétablit pas sur le champ l'action désirée, on fait toucher les deux éperons à la fois sans opposition de main, c'est-à-dire à l'avoir toujours coulant et comme insaisissable dans les talons, à moins, toutefois, que la main ne s'oppose au mouvement en avant. Telle est la véritable définition de l'effet d'ensemble sur l'éperon ; l'animal ne doit pas plus être braqué sur le mors que sur l'éperon, ni être plus insensible à l'éperon qu'au mors. Par conséquent, la mâchoire a dû préalablement être assouplie, faite à l'action du mors, de même que les hanches ont dû être accoutumées à obéir aux éperons. L'animal obéissant au mors comme à l'éperon, et leur action étant bien équivalente, se trouve sollicité par deux forces égales et opposées et il s'immobilise, ou, s'il est en action, il continue son mouvement régulier sans pouvoir ne le modifier ni dans un sens ni dans l'autre. C'est là l'important puisqu'on peut ainsi, non seulement empêcher toute défense, mais encore, chose essentielle, conduire son cheval où l'on veut et à l'allure qu'on désire, quel que soit son mauvais vouloir ou l'objet qui l'effraie. C'est enfin le seul moyen qui permet de forcer l'animal à se jeter sur un obstacle qu'il craint ou qu'il ne veut pas franchir.

Observations. —1° Il est intéressant d'entreprendre le dressage d'un cheval nerveux, irascible même, car, avec un peu d'attention on est presque certain d'arriver à un bon résultat ; au contraire, dresser un cheval mou est une corvée et pour obtenir le peu qu'il est capable de donner, il faut se montrer sévère, brutal même pour stimuler son manque d'énergie, puis dans la dureté des aides, savoir s'arrêter au point juste où l'on provoquerait la rétivité.

2° Ne jamais demander à un élève un travail au-dessus de ses forces. Avant d'exiger des efforts on doit avoir exercé les muscles destinés à les produire suffisamment pour qu'ils soient capables d'exécuter sans fatigue le mouvement voulu.

3° En dressage on veut toujours aller trop vite.

4 ° Pour arriver promptement aller très lentement, mais assurer chacun de ses pas.

5° Demander souvent, se contenter de peu, récompenser beaucoup.

6° La leçon doit être pour le cheval comme pour le cavalier un exercice salutaire, un jeu instructif qui n'amène jamais la fatigue.

7° La clef du dressage est de savoir se rendre compte au juste de ce que l'on doit exiger. Si l'on n'exige pas assez, il n'y a pas de progrès ; si l'on exige trop, on va au devant de la mauvaise volonté et de la fatigue.

8° Observer le cheval libre, réfléchir et tâcher de bien faire soi- même au lieu d'accuser la mauvaise volonté ou les tares du cheval.

9° En dressage, le grand écueil est la manie de s'en prendre aux effets au lieu de rechercher leurs causes pour les modifier, les détruire ou les exploiter suivant le cas.

On prétend en général que le dressage du cheval doit être commencé avec un mors de filet très doux. Cela est très discutable, car il n'est pas douteux que l'emploi de cet instrument présente, même au seul point de vue du dressage, de grands dangers avec un animal fougueux et à la bouche rebelle. La vérité est que tous les genres simples de mors, sont bons et qu'il s'agit seulement de savoir s'en servir. Toutefois, comme il est beaucoup plus facile d'assouplir la bouche d'un cheval avec le mors de bride qu'avec celui de filet, il semble logique de le monter en bride de prime abord, de façon à utiliser les deux mors alternativement. L'usage unique du mors de filet est plus embarrassant ; néanmoins, avec de l'attention le cavalier qui a assez de goût et de patience pour bien travailler la bouche de son cheval, peut toujours se passer du mors de bride pour le travail de manège. A l'extérieur, c'est une autre affaire.

Effet d'ensemble sur l'éperon. — La véritable légèreté a écrit le général L'HOTTE, consiste, pour le cavalier, à avoir le cheval léger aux jambes autant qu'à la main, c'est-à-dire à l'avoir toujours coulant et comme insaisissable dans les talons, à moins, toutefois, que la main ne s'oppose au mouvement en avant. Telle est la véritable définition de l'effet d'ensemble sur l'éperon ; l'animal ne doit pas plus être braqué sur le mors que sur l'éperon, ni être plus insensible à l'éperon qu'au mors. Par conséquent, la mâchoire a dû préalablement être assouplie, faite à l'action du mors, de même que les hanches ont dû être accoutumées à obéir aux éperons. L'animal obéissant au mors comme à l'éperon, et leur action étant bien équivalente, se trouve sollicité par deux forces égales et opposées et il s'immobilise, ou, s'il est en action, il continue son mouvement régulier sans pouvoir ne le modifier ni dans un sens ni dans l'autre. C'est là l'important puisqu'on peut ainsi, non seulement empêcher toute défense, mais encore, chose essentielle, conduire son cheval où l'on veut et à l'allure qu'on désire, quel que soit son mauvais vouloir ou l'objet qui l'effraie. C'est enfin le seul moyen qui permet de forcer l'animal à se jeter sur un obstacle qu'il craint ou qu'il ne veut pas franchir.

Obéissance à l'éperon. — L'obéissance du cheval à l'éperon doit être celle du fils à son père. Obéissance complète, exempte de toute hésitation, soudaine s'il le faut, mais jamais empreinte de brusquerie ou de mauvaise humeur.
Pour l'inculquer à son élève, le cavalier doit donc faire acte d'une autorité inflexible, mais absolument calme.
Le général FAVEROT indique ainsi comment il faut procéder pour faire connaître l'éperon au cheval.
D'abord, appui des mollets en place. Demander la légèreté, approcher les deux mollets des flancs du cheval et augmenter progressivement la puissance de cette pression tout en faisant avec le filet une opposition suffisante pour empêcher le cheval de se

porter en avant. Si le cheval conserve son immobilité, son calme et sa légèreté pendant que les jambes se serrent avec une certaine énergie, on s'empresse de tout rendre et de caresser.

S'il se mobilise et s'inquiète, il faut continuer la pression des mollets sans l'augmenter et agir par demi-arrêts jusqu'à ce que l'immobilité survienne. Alors le cavalier desserre les jambes au plus vite et flatte le cheval de la voix et de la main. Appuyer ensuite les talons nus, puis les mollettes recouvertes, et, enfin, les éperons débarrassés de toute enveloppe. Ordinairement on peut d'emblée se servir d'éperons non couverts.

En place—Serrer les mollets avec une grande énergie, puis approcher progressivement le fer du poil où il se colle franchement, mais sans trop de puissance d'abord. Dès qu'il a touché, au premier moment de calme, d'immobilité et de légèreté, il faut s'empresser de rendre, c'est-à-dire de baisser les poignets et de desserrer totalement les jambes en éloignant d'abord les éperons du poil et en relâchant les mollets en dernier lieu. Caresser en même temps. Recommencer souvent et récompenser beaucoup de manière à bien confirmer le cheval, et bien lui faire comprendre que ce que l'on cherche, c'est l'immobilité et la légèreté, et qu'on le flatte dès qu'il se calme et se tranquillise.

Marcher sur l'éperon. — Quand on a obtenu ce résultat sur place, il faut et c'est de la plus haute importance, habituer le cheval à se porter de pied ferme en avant sur l'éperon. A cet effet, l'éperon restant au poil et la main, après avoir fait opposition pour maintenir l'immobilité, ayant rencontré la légèreté, le cavalier baisse un peu les poignets et augmente la force de l'appui du fer. Quand le cheval se porte en avant, les aides inférieures se relâchent aussitôt, puis la main arrête. On répète cet exercice autant qu'il est nécessaire pour y bien confirmer le cheval.

Appui des éperons en marchant au pas. —

Il faut arriver doucement mais franchement au fer, la main empêchant l'accélération de l'allure ; c'est-à-dire qu'il faut éviter l'appui timide des éperons que produisent des attouchements qui chatouillent ou irritent le cheval.

Si l'arrivée des éperons au poil amène du désordre, rétablir avant tout le calme et la régularité de la marche par des demi-arrêts, ou recommencer à donner la leçon en place.

Passer du pas au trot sur l'éperon. — Puis, apprendre au cheval à supporter l'appui du fer au petit trot, la main faisant opposition. Enfin passer de l'arrêt au pas, au petit trot et au grand trot, de la même façon qu'on est passé de l'arrêt au pas.

Le cheval alors connaît l'éperon et l'on est sûr d'obtenir l'impulsion quand on s'en sert, puisqu'on a

appris à l'animal à donner toujours à ses forces la direction d'arrière en avant lorsque le fer s'appuie au poil. C'est le moment d'appliquer l'effet d'ensemble et voici, comment il faut s'y prendre pour le pratiquer.
La première condition de réussite, c'est de ne pas lâcher la tête de l'animal. On doit toujours avoir les rênes courtes. Il est préférable et plus sûr de se servir pour cet effet de celles de la bride. Mais l'essentiel est de ne pas rendre, de façon à empêcher tout mouvement d'éloignement de la tête. Les mollets se ferment en même temps avec force et, aussitôt après leur étreinte énergique, on arrive à l'appui bien franc des deux éperons. La main continue son opposition, jusqu'à ce que cette pression vigoureuse graduée et simultanée des jambes et des éperons, poussant la masse sur le mors qui fait barrière, ait produit l'immobilité ait rétabli la régularité de l'allure si l'on est en mouvement que l'on juge inutile d'immobiliser l'animal. La légèreté s'étant manifestée, on relâche les doigts puis les éperons et enfin les jambes.

L'effet d'ensemble, ainsi pratiqué sans hésitation, est le seul moyen absolument sûr d'empêcher une défense. Mais même dans le cas où l'occasion d'en faire usage ne se présente pas, il est indispensable de consacrer une partie de chaque séance à redonner toute la leçon de l'éperon pendant les premiers jours du dressage à l'effet d'ensemble.

Si l'animal reculait à l'appui des éperons, il faudrait l'attaquer vigoureusement jusqu'à ce qu'il se soit porté en avant. Cette défense est peu à craindre, si l'on a bien suivi la progression indiquée.

Il faut toujours que le cheval se porte, sur la main à l'appui des éperons, et à plus forte raison à l'attaque des éperons. Il en doit être de même dans l'effet d'ensemble de pied ferme, seulement là, il n'y a pas de mouvement, mais les forces viennent finir contre le mors qui fait céder la mâchoire. Si l'animal rue à l'approche du fer, le punir par un coup de cravache cinglé près de la botte. N'en donner qu'un seul, mais un bon, et aussitôt la désobéissance.

Il est bien entendu que l'action de l'éperon n'est pas d'immobiliser parfois le cheval, et, parfois, de le porter en avant. Cette action est toujours de porter en avant ; elle exige toujours la propulsion qui n'est atténuée ou annihilée que par l'action de la main.

L'usage du fer doit évidemment être proportionné à la finesse du cheval.

Telle est la méthode qui a été indiquée par BAUCHER, le génie équestre le plus exceptionnel qui ait peut-être jamais existé (Général L'HOTTE). Et ce qu'elle a de précieux, outre les effets qu'elle produit, c'est qu'elle est toujours applicable quels que soient le tempérament et le caractère du cheval, choses qui varient avec chaque individu.

Aussi vicieux qu'il soit, l'animal s'aperçoit vite qu'il lui est impossible de résister. Le sentiment de son impuissance l'amène à renoncer à la lutte, son moral est dompté et il se résigne à obéir.

Le cheval qui a été habitué à se soumettre à « l'effet d'ensemble sur l'éperon » ne songe plus à désobéir à celui qui sait le lui appliquer. Ce fut ainsi que « Kléber » » que personne ne voulait plus monter à cause de la défectuosité de ses allures et de son manque de solidité, fut ramené en très peu de temps aux allures régulières, et son fort riche travail de haute école frappait d'étonnement, tant par sa correction que par les difficultés qu'il comportait. Il était entier, le voisinage des juments causait chez lui une grande surexcitation, mais une fois entre les jambes de BAUCHER, il semblait indifférent à leur approche. (général L'HOTTE).

L'utilité de l'effet d'ensemble en équitation courante n'est pas contestable ; c'est précisément là qu'il est nécessaire, puisqu'il agit toujours de telle sorte que le cheval est contraint à aller de l'avant.

Le cheval destiné aux courses d'obstacles devra surtout y être accoutumé afin que le cavalier puisse toujours l'empêcher de se dérober et être sûr de le dominer dans toutes les circonstances.

Toutefois, pour bien suivre les préceptes du maître qui a été un novateur d'une fécondité sans exemple un artiste *inimitable* qui a émerveillé ses contemporains. (Général l'HOTTE), n'oublions pas ce que dit ROUSSELET le doux écuyer qu'on ne vit jamais perdre patience ».

« Pour commander au cheval, ne faut-il pas d'abord se « commander soi-même ». Et ne rien faire par colère est certainement vis-à-vis du cheval la première de toutes les règles « et la loi constante que le cavalier doit s'imposer ».

DU CHEVAL DROIT

Presque tous les chevaux mettent plus ou moins les hanches de côté, soit par une prédisposition naturelle, soit par suite de mauvaises habitudes prises.
Manière de redresser un cheval. — Le moyen le plus simple est de lui enseigner à prendre facilement le pli inverse de celui qu'il a. On n'y arrive non pas par les jambes, mais bien par la rêne d'appui, laquelle porte le poids d'une épaule vers l'autre, ce qui a pour conséquence de ployer légèrement le cheval en sens inverse de son inclinaison première. L'avant-main a, en effet, tendance à se déplacer dans le sens de la pression de la rêne d'appui et par conséquent les hanches se portent en sens inverse.
Il faut s'aider des jambes le moins possible ; d'ailleurs par l'action de la rêne d'appui, le cheval finit par perdre l'habitude de se traverser, tandis qu'on ne peut arriver à le redresser par la jambe du côté vers lequel il jette ses hanches puisque c'est toujours la mauvaise répartition du poids sur les épaules qui met le cheval de travers.

Donc, si les hanches se portent à droite, rêne gauche d'appui pour charger l'épaule droite et pousser les hanches vers la gauche. Si elles se portent à gauche, rêne droite d'appui pour les pousser vers la droite.

DESCENTES DE MAIN ET DE JAMBES

On appelle vulgairement descente de main, la défense faite par le cheval quand il baisse la tête en allongeant son encolure et, souvent, en arrachant les bras de son cavalier. C'est là une hérésie grossière.
Faire une descente de main et de jambes veut dire simplement : cesser absolument de faire sentir la main et les jambes au cheval. En un mot, laisser l'animal complètement libre tant qu'il garde sa position de tête et sa même allure. Cela a pour but d'amener le cheval progressivement à continuer de lui-même sans changement aucun, l'allure ou le mouvement qu'il a commencé. C'est la preuve que le cheval est vraiment en équilibre. On commence par baisser la main un instant ; dès que le cheval déplace la tête ou allonge son allure on fait sentir le mors et ainsi de suite, en laissant de plus en plus longtemps le cheval livré à lui-même.
Par un procédé analogue, on arrive à la descente de jambes. C'est elle qui permet au cavalier de replacer toujours ses jambes à la position académique une fois qu'elles ont indiqué le mouvement à faire ou donné

l'allure qui doit s'entretenir d'elle - même et sans l'aide continuelle des jambes.

A PIED

1 Travail à pied par la cravache. — Se placer en avant du cheval et le regarder dans les yeux. Prendre dans chaque main une rêne de filet près du mors et élever la tête et l'encolure en demandant un peu de légèreté, en donnant aux bras toute leur extension — repos — recommencer avec la bride, laisser le cheval libre le plus possible.

2 Marcher sur la cravache. — Toucher le poitrail par le milieu de la cravache par petits coups répétés à une seconde d'intervalle (il est essentiel de donner au cheval le temps de réfléchir). Un pas obtenu bien droit avec l'encolure soutenue, caresser sur le front ; repos avant de recommencer. Chaque fois que le cheval se traverse, arrêter, le replacer parfaitement droit surtout par les épaules et marcher à nouveau. A la cravache le cheval doit se porter franchement

3 Reculer. — Placer parfaitement droit — légèreté. — Élever les bras. Élever encore les bras — agir de bas en haut sur la commissure des lèvres — forcer progressivement le mouvement s'il y a lieu. Recommandation : ne reculer que d'un pas mais parfaitement droit. Redresser par les épaules. Rênes de brides.

4 Demi-pirouette renversée. — Dans la demi-pirouette de gauche à droite, le membre gauche (la croupe allant vers la droite) ne doit pas quitter le sol ; le membre A.D. passe en avant. Tenir les rênes avec la main gauche — légèreté — toucher près de la sangle par la cravache par petits coups à une seconde d'intervalle puis en montrant simplement la cravache, enfin en agissant sur les rênes séparées ou en tournant simplement le poignet qui tient les rênes.

5 Demi-pirouette ordinaire. — Dans la demi-pirouette de gauche à droite, la tête allant vers la droite, le membre P.D. ne doit pas quitter le sol, le pied gauche passant en avant. Le pied gauche de devant doit passer en avant du pied droit, autrement il y aurait acculement. Élever la tête avec la main gauche, légèreté, empêcher par la cravache derrière la sangle, les hanches de dévier à gauche.
Puis par la main gauche seule, enfin par une pression de main sur la rêne droite.

6 Pas de côté. — Les épaules doivent précéder les hanches. Le cheval ne doit pas avancer — élever la tête comme toujours — légèreté, déterminer l'avant-main dans le sens du mouvement et faire suivre la croupe par la cravache par petits coups à une seconde d'intervalle. Puis en montrant la cravache. Enfin par les rênes séparées seules ou par la main seule. Les pieds du côté opposé à celui vers lequel on va, doivent croiser en avant les autres pieds.

7 Le rassembler. — C'est la base du dressage du cheval de selle. Il consiste à provoquer, sans avancer d'une façon sensible, le fonctionnement, la mise en jeu des ressorts de l'organisme, à obtenir l'action sur place, ou, si l'on est en marche, à l'augmenter sans produire un accroissement de vitesse appréciable.

8 Habituer le cheval à la chambrière. — Sur la piste a main gauche, tenir la chambrière basse dans la main droite et les rênes près du mors dans la main gauche. Élever la chambrière. Si le cheval bouge, arrêter le bras dans la position où il se trouve jusqu'à ce que le cheval soit immobilisé par des demi - arrêts. L'immobilité obtenue, rassurer par « Oh ! » émis d'une voix caressante. Arriver progressivement à placer franchement la lanière sur le cheval, le fouet tombant du côté hors montoir, le bout du manche appuyé sur la partie gauche du dos. Si, à ce moment, l'animal s'inquiète, on l'immobilise avec la main gauche tout en laissant la chambrière sur le poil. Dès que le calme est revenu, on la glisse d'avant en arrière de façon que l'extrémité du manche arrive un peu plus loin que la hanche gauche, puis on l'abaisse jusqu'à toucher le sol de manière que toute la lanière passe doucement sur la croupe.

On agite la mèche doucement près de terre et on immobilise le cheval s'il s'inquiète. Quand le calme se montre on agite plus vivement le fouet. On doit arriver à le faire claquer aux oreilles du cheval tranquillisé et rassuré. -

Faire de même de l'autre main.

Commencement de rassembler par la chambrière. — Le cheval restant calme et immobile sous la chambrière, chercher la légèreté, puis agiter la chambrière près de la hanche gauche en s'aidant d'appels de langue et en touchant au besoin la croupe avec le manche par petits coups. Dès qu'il y a mobilisation des membres, envelopper le cheval par la chambrière et arrêter par ce moyen avant que le cheval s'immobilise de lui-même.

Habituer le cheval à la cravache placée sur le rein. — Élever la cravache. Si le cheval bouge arrêter le bras dans la position où il se trouve, jusqu'à ce que le cheval soit immobilisé par des demi-arrêts. L'immobilité obtenue, rassurer par « Oh ! » d'une voix caressante. Arriver à poser la cravache sur le rein du cheval. Si, à ce moment, il s'inquiète, on l'immobilise par les rênes avec la main gauche tout en laissant la cravache sur le rein. Quand le calme est revenu, on agite la cravache au-dessus du rein et on tâche d'obtenir encore le calme. Dès qu'on l'obtient, on place la cravache diagonalement sur le rein de l'animal, on l'arrête et on le laisse au repos.

Plus tard la cravache ainsi placée, immobilisera instantanément le cheval quelle que soit son excitation.

Rassembler sur les pistes, puis au milieu du manège, par la cravache. — Comme toujours partir de la légèreté. Agiter la cravache au-dessus de la croupe en s'aidant d'appels de langue pour obtenir la mobilité des membres. Ne toucher que si les menaces de frapper et les appels de langue peine un commencement, sans avancer, placer la cravache sur le rein pour arrêter avant que le cheval s'arrête de lui - même. Recommencer, exiger un peu plus. Dès qu'on a un peu de mobilité le cheval restant parfaitement droit et sur place, on arrête par la cravache (plus tard par la main seule), on décontracte et on laisse au repos. S'éloigner le plus tôt possible des pistes, si l'on est assez adroit.

Si l'animal rue, on le corrige par la main, jamais par la cravache.

Attention que le poids ne soit pas sur l'avant-main. Élever l'encolure. Si le cheval n'est pas parfaitement droit, redresser, décontracter et recommencer.

Ne pas laisser les membres postérieurs engagés sous la masse, lorsque l'action cesse.

Souvent un des bipèdes diagonaux ou un des membres de ce bipède, surtout le postérieur, se pose un peu plus en arrière que l'autre ; alors, ne pas rester

tout à fait en place et tâcher par des effets de main et de cravache, d'avoir les deux pieds sur la même ligne par bipède latéral. Si le bipède diagonal gauche se pose plus en arrière que l'autre, porter la croupe un peu à gauche, afin de donner plus d'activité au membre postérieur droit qu'à son voisin.
(Il est indispensable de corriger ce défaut dès le début, incorrigible ensuite).

TRAVAIL A CHEVAL

Montoir. -- Mettre le caveçon au besoin.
Employer un aide qui tient le cheval par les montants de la bride. Le cavalier flatte le cheval ; si l'animal bouge, il s'arrête dans la position dans laquelle il se trouve. Le cheval s'habituant, il prend les crins et les tire à lui. Il fait claquer l'étrivière sur la selle. Il met lentement le pied à l'étrier et s'arrête dans la position dans laquelle il se trouve si le cheval s'effraie. Le cheval calme, il se dresse sur l'étrier, il redescend et recommence plusieurs fois ces mouvements. Il se met enfin en selle et en redescend en décomposant.
Ces exercices doivent se répéter plusieurs fois des deux côtés et il est essentiel que le cheval reste immobile au montoir et jusqu'à ce que le cavalier lui permette de bouger.
En place. — Étant arrêté demander la légèreté avec les deux rênes de filet à la fois, lâcher le filet. Faire de

même avec la bride. Demander ensuite la légèreté sur les rênes employées isolément.

Marcher. — Demander la légèreté, baisser la main, fermer les jambes pour obtenir un pas en avant. Relâcher les jambes, et arrêter par la main seule. Redemander la légèreté, faire un nouveau pas en avant et ainsi de suite. La main seule doit faire céder la mâchoire.

Reculer. — Quand l'élève se porte bien en avant avec légèreté on lui apprend à marcher en arrière. Toujours le même procédé : demander la légèreté, puis élever la main pour faire reculer sans faire agir les jambes. Un pas obtenu, baisser la main, fermer les jambes pour arrêter et se porter en avant.

Demi-pirouettes ordinaires et renversées. — (demi- tour sur les hanches et demi-tour sur les épaules).

Demander un pas de pirouette ou de pirouette renversée, arrêter, rendre léger, redemander un pas, rendre léger et ainsi de suite. Demander ensuite plusieurs pas, puis la moitié de la pirouette puis toute la pirouette. Tâcher de faire la pirouette ordinaire par la main seule, la jambe du côté vers lequel on tourne se tenant prête à éviter l'acculement. Et la pirouette renversée par la jambe seule.

On doit arriver à ce que dans la pirouette ordinaire, le membre postérieur du côté vers lequel on tourne, ne quitte pas le sol, et que dans la pirouette renversée, le membre antérieur opposé à celui vers lequel les hanches sont poussées ne quitte pas le sol non plus.

Voltes et demi-voltes. — Exécuter des voltes et demi-voltes d'abord de grand diamètre, avec la rêne et la jambe du dedans, puis avec la rêne du dehors. Toujours exiger la légèreté. Exécuter ensuite des voltes et demi-voltes de deux pistes.

Foule. — Faire des tourners très courts et dans tous les sens en évitant de marcher parallèlement à un côté et de s'arrêter. Les exécuter d'abord par la rêne directe, puis par la rêne d'appui. Ensuite par les jambes seules, en laissant le plus possible les rênes sur le cou. Exécuter la foule en arrière au moyen des jambes agissant isolément quand le reculer se fait avec descente de main complète.

Travail au trot. — Passer du pas au trot comme on est passé de l'arrêt au pas.

Répéter sur le filet et sur la bride tout le travail exécuté au pas.

Passer fréquemment du trot à l'arrêt et de l'arrêt au trot, du trot au reculer et du reculer au trot. les appuyers commencer à appuyer au pas, puis étant dans la position oblique, et repasser au pas en conservant cette position.

Pas de coté. — Il faut beaucoup de précaution dans les commencements, sans quoi le cheval prendrait l'habitude de se traverser sans qu'on le lui demande et alors qu'il devrait rester droit.

Demander la légèreté, puis appuyer en s'aidant beaucoup de la rêne d'appui et en tenant la jambe du côté vers lequel on va, prête à empêcher les hanches de devancer les épaules. Faire un pas ou deux, redresser, arrêter, rendre léger et recommencer. Arrêter dans la position oblique, repartir dans cette position. Se passer autant qu'on le peut de jambes et de mains.

Passer des pas de côté vers la droite, aux pas de côté vers la gauche et pour cela redresser toujours avant de changer de côté et rendre léger.

Avec certains chevaux, il est même préférable de commencer par ce genre d'appuyer. Appuyer à droite, marcher droit, appuyer à gauche, marcher droit et ainsi de suite.

Observations. — Bien éviter de porter le poids de l'assiette du coté opposé à celui vers lequel on marche ; le porter au contraire vers ce côté.

Les jambes ne doivent agir que par intermittence et il faut s'en servir le moins possible ; on y arrive en utilisant beaucoup la rêne d'appui. Étant au 23e dragons, le colonel FAVEROT avait une position de jambes admirable ; elle le faisait reconnaître de loin et, dans les chambrées les cavaliers en parlaient à chaque instant. Les jambes, toujours immobiles, étaient verticales comme le sont les étrivières sur un cheval arrêté et non monté.

L'assiette ne doit jamais se déplacer, mais on doit arriver à remplacer presque totalement les aides dans certains cas en appuyant sans que le mouvement soit apparent sur une fesse ou une autre. En maintenant le cheval parallèle a un grand côté, appuyer à droite, puis à gauche et ainsi de suite, en tâchant que le mouvements des aides soient de moins en moins apparents.

Toutefois le cheval ne doit pas agir par routine, aussi faut-il varier souvent le nombre de pas faits d'un côté et de l'autre.

Comment on doit élever l'encolure. — C'est sur le poids qu'on agit en demandant cette élévation : mais il faut qu'en le reportant en arrière la force qui donne le mouvement ne soit aucunement diminuée; il faut, par contre, en donnant l'action, en produisant la force qui pousse, que cette même force n'entraîne dans le sens du mouvement que la petite quantité de poids nécessaire au mouvement, et que l'équilibre n'en soit pas altéré, c'est-à-dire que les translations de poids demeurent également faciles dans tous les sens, après comme avant le mouvement obtenu. Quand un cheval a une forte tendance à affaisser son encolure, on doit tenir les poignets très haut, au-dessus des oreilles s'il est nécessaire, jusqu'à ce que la mâchoire ait cédé moelleusement dans cette position. On rend alors mais on reprend, dès que la tête s'abaisse, en ayant constamment les mains très élevées pour empêcher l'animal de s'enterrer. Il faut avec pareil cheval rester longtemps sur le travail en place et aux allures raccourcies, et ne prendre les rênes de bride que quand on a obtenu une élévation constante et très facile sur le filet.

Une fois le poids en équilibre, une fois l'encolure élevée et soutenue, on détruit les résistances de forces quand il y a lieu ; et alors la tête liante abandonnée à elle-même, se place à la position la plus commode.

Du ramener. — Il consiste à rapprocher la tête de la verticale ; c'est à la main, agissant seule toujours à l'obtenir petit à petit en commençant par des effets de rênes — isolés d'abord puis entrecroisés — (rêne de filet d'un côté, rêne de bride apposé), pour finir par l'emploi simultanée des deux rênes de bride ou des deux rênes de filet. Tout le travail au petit trot se répète ainsi successivement avec des exigences de plus en plus grandes et de plus en plus soutenues de la part du cavalier.

De la position de tête. — En haute équitation, pour que l'équilibre se produise, la tête doit être verticale ou à peu près tout en restant élevée.
Cette position vient d'elle-même par suite du liant de la mâchoire, et il faut bien se garder dans les

commencements d'essayer de la donner avant d'avoir obtenu la mobilité de la mâchoire, la tête restant haute et même horizontale. Ne jamais essayer de placer la tête avant d'avoir obtenu la légèreté.

Avec une encolure longue, la position verticale se prend aisément, mais avec une encolure courte, si l'on veut que la tête reste haute, elle se rapproche moins et plus difficilement de la verticale. Or, il ne faut pas laisser le cheval s'enterrer et baisser l'encolure pour placer la tête verticalement car, plus l'encolure est basse, plus la tête est loin en avant du corps, moins il est possible d'obtenir l'équilibre et d'asseoir le cheval afin de lui faire exécuter des mouvements brillants.

Du rassembler. — Il permet d'asseoir le cheval et de donner de la hauteur aux différentes allures. Il a pour conséquence l'engagement des membres postérieurs sous la masse et l'élévation des mouvements. Quand le cheval conserve bien la légèreté au pas avec la tête perpendiculaire sur l'emploi de l'éperon et que le passage des forces en avant est facile avec la légèreté, inaltérée, on peut entreprendre le rassembler.

Tandis que l'effet d'ensemble calme, éteint ou règle, le rassembler anime, réveille, surexcite l'activité, donne la vie et le brillant. Il s'obtient de la manière suivante : étant arrêté placer son cheval bien droit et le rendre léger ; puis action alternée des deux jambes en retenant doucement de la main. Dès qu'il y a un peu de mobilité des extrémités, rendre, caresser et laisser l'animal au repos. Demander la légèreté pendant l'immobilité. Recommencer souvent à chaque main. Très peu d'exigences d'abord. Redresser le cheval dès qu'il se traverse et ne chercher la mobilité des appuis qu'une fois l'animal bien droit et léger.

Sauts de pie. — Les réprimer immédiatement par des demi - arrêts.

ASSEMBLER

Travail au galop. — Les jambes donnent l'action et la position engendre le mouvement.

Donc pour enseigner le galop, à droite par exemple, fermer les deux jambes également et élever les mains qui tiennent les rênes de filet vers la gauche ; l'épaule droite se trouve ainsi allégée, la position est donnée et le mouvement cherché, c'est-à-dire le galop, se produit. Après quelques foulées passer au pas.

Recommencer plusieurs fois de suite et faire la même chose, mais en portant les mains à droite au lieu de les porter à gauche, pour apprendre le galop à gauche.

Certains chevaux partent d'abord difficilement au galop, mais ils s'habituent vite, et quand ils partent franchement, droit et sans à-coup, il faut revenir souvent au passage de l'arrêt ou du pas au trot ainsi qu'au travail à cette allure.

Employer le moins possible de jambes et tâcher, dès le début de provoquer le galop par la seule action de la main ; on arrive promptement à mettre au galop par les rênes seules.

Départ au galop par les jambes seules (à droite). — Le cheval marchant au pas et étant léger, faire une descente de main et appuyer sur la fesse gauche en fermant les deux jambes la gauche une idée plus en arrière que la droite, laquelle doit cependant agir davantage pour donner l'action. Si le cheval prend le trot, relâcher les jambes et reprendre les rênes pour passer au pas. Recommencer à demander le galop par les jambes seules.
Faire des départs au galop tantôt par les jambes seules, tantôt par la main seule.
Faire souvent tourner le cheval à gauche quand il galope sur le pied droit, et à droite pendant qu'il galope sur le pied gauche en l'empêchant de changer de pied.

Appuyer au galop. — Le cheval appuyant au pas vers la droite, demander le galop en restant dans la position oblique en élevant les rênes vers la gauche comme pour demander un départ ordinaire sur le pied droit ; se servir en même temps des deux jambes, la droite doit agir principalement pour donner l'impulsion, tandis que la gauche indique aux hanches et par intermittence, la direction qu'elles doivent conserver. La main doit se balancer de droite à gauche et de bas en haut pour demander le galop, puis de gauche à droite et de haut en bas pour pousser le cheval vers la droite par la rêne d'opposition (la rêne gauche). Plus tard on doit appuyer en se servant seulement des rênes et le cheval étant perpendiculaire à l'un des côtés. Dans ce galop la main doit, sans s'avancer, donner un demi-arrêt de bas en haut à chaque poser de l'avant-main, afin d'enlever le cheval et de cadencer l'allure.

Voltes et demi-voltes. — Faire des voltes en galopant juste et à faux. Partir au galop sur le cercle juste et à faux.
Exécuter des demi-voltes sans laisser le cheval changer de pied. Appuyer sur le cercle par les moyens indiqués pour appuyer sur la ligne droite.
Du galop au reculer et du reculer au galop. — Étant au galop, passer souvent au reculer par une élévation des poignets, sans jambes.
Le reculer doit se produire aussitôt le mouvement en avant enrayé et sans temps d'arrêt appréciable sur place.
Repartir au galop par les rênes seules en les aidant dans les commencements d'un appui sur la fesse gauche pour partir à droite, et sur la fesse droite pour partir à gauche.

Changements de pied. — Le cheval étant au galop bien réglé et étant léger, fermer un peu et progressivement afin de maintenir le galop, placer en même temps la tête du cheval dans la position qu'elle devra avoir après le changement de pied et donner un ou plusieurs demi-arrêts en appuyant sur la fesse du côté du pied sur lequel on galope. Si le changement de pied se fait, passer au pas et récompenser ; si l'animal s'inquiète, se détraque, passer au pas, rétablir le calme et la légèreté, repartir sagement au galop et essayer de nouveau un changement de pied.

Se contenter d'abord d'un changement de pied et passer au pas. Ensuite en faire plusieurs de chaque pied. En se servant de moins en moins des jambes, arriver à obtenir le changement de pied uniquement par un demi-arrêt. Ce sera alors seulement qu'il sera possible de demander des changements de pied répétés. Commencer par des changements de pied exécutés tous les quelques pas, en exiger un sur chaque pied et récompenser.

Changements de pied répétés. — Il faut que le cheval sache faire un changement de pied parfait de chaque côté. Les faire à grande distance puis rapprochés. Bien sentir si le cheval est prêt. Ne pas se presser et laisser faire le cheval.

Beaucoup de calme — décomposer — l'équilibre une fois rétabli, repartir au galop.

Attendre un peu avant de rechanger de pied. Pour arriver aux changements de pied aux deux-temps ou au temps, n'en demander que deux d'abord, puis passer au pas. Recommencer et ainsi de suite. Se servir de la main seule, tâcher de saisir le temps ; abaisser le poignet après chaque demande.

Faire ensuite des changements de pied tous les quatre temps, puis tous les trois temps, puis tous les deux temps et enfin, quand ceux-ci s'exécutent bien à la volonté du cavalier et non pas par routine, essayer le changement dit du « tac au tac » en tenant les rênes d'une seule main.

La main doit agir seule, mais il faut veiller particulièrement à ce que l'action soit suffisante, à ce que l'avant-main et l'arrière - main changent bien ensemble, à ce que l'allure n'augmente pas.

Si le cheval se tracasse, le calmer avant de demander le mouvement.

Fillis a déclaré avec raison. Le cavalier qui arrive à faire correctement des changements de pied du tac au tac « sur un cercle, peut être satisfait de lui et de son cheval.

Appuyer vers un côté et vers l'autre en restant au galop. — Étant au galop, appuyer quelques pas, le cheval restant parallèle à un côté changer de pied, appuyer pour revenir vers le côté qu'on a quitté d'abord, changer de pied pour retourner vers l'autre côté et ainsi de suite en changeant pas faits à droite et à gauche de façon que le cheval n'agisse pas par routine.

Changement de pied par les jambes seules. — Le cheval galopant à droite, tenir les rênes seulement de

façon à pouvoir empêcher une accélération d'allure. Appuyer sur la fesse droite en fermant les deux jambes, la droite une idée plus en arrière que la gauche.
Si le cheval se détraque, passer au pas, remettre au galop et essayer de nouveau le changement de pied. S'il allonge l'allure, reprendre les rênes en cessant l'action des jambes, arrêter même s'il est nécessaire, décontracter et recommencer.

Demi-pirouette. — Faire en tenant les hanches, de petites demi-voltes commencées au pas et terminées au galop. Les faire de plus en plus petites, de plus en plus entièrement au galop. Faire ensuite la demi-pirouette commencée au pas et terminée au galop. Agir par la rêne opposée seule et toujours maintenir le cheval en avant.
Ne pas passer trop vite aux pirouettes car on risque d'arriver au demi-tour brusque que les cow-boys et les gauchos font exécuter à leurs chevaux, et dans lequel l'animal s'accule et tourne d'une seule foulée. Faire exécuter ce mouvement, est appelé par les gauchos « casser un cheval. »

Observations. — Il faut travailler le cheval tantôt avec les rênes seules, tantôt avec les jambes seules.
L'emploi unique des rênes suffit toujours, sauf quelques fois pour porter en avant, par les jambes, ou, pour une amazone, par la cravache ; mais c'est

seulement aux allures ralenties et lorsque le cheval n'est pas excité qu'on peut le manier par les jambes seules, à moins, bien entendu, qu'il n'y ait été dressé spécialement.

Galop par la rêne d'appui. — Le départ au galop a été obtenu en dégageant les membres du côté du pied demandé. Il faut l'obtenir aussi en jetant le poids du côté du pied demandé.
Le plus facile est de l'obtenir d'abord sur le cercle. Étant en cercle à droite, pousser de bas en haut par la rêne gauche d'appui, à hauteur du garrot ; les jambes agissant également et le moins possible. Si le cheval ralentit, rendre la main, donner l'action par les jambes, et recommencer l'effet de main.
Demander ensuite le même départ, le cheval appuyant parallèlement au mur, les hanches exactement derrière les épaules. Le galop s'obtient ainsi très facilement. C'est le moyen infaillible d'avoir toujours un cheval droit d'épaules et de hanches au galop.
Ce procédé est très pratique pour prendre vivement le galop et l'on est sûr d'avoir, au manège comme partout, un cheval galopant droit.

Du grand trot. — Il est essentiel de ne pas se borner aux petites allures et d'exercer le cheval à détendre tous ses ressorts en lui demandant tout ce qu'il peut donner de vitesse au trot, en lui faisant allonger le galop le plus possible et en l'exerçant à sauter.

Le grand trot doit être absolument régulier chaque foulée étant bien semblable à sa voisine en vitesse et en cadence.

Il se prend, surtout dans les commencements, en allongeant progressivement l'allure du petit trot bien réglé.

Exiger un bon départ et une grande régularité dès les premiers pas. Quand le cheval se détraque ou se contracte, arrêter, décontracter et n'essayer de repartir au grand trot qu'après avoir rétabli le calme et la légèreté.

Dans les allures rapides, l'encolure s'étend, la tête s'abaisse et se porte en avant de la verticale, mais, tout en laissant l'encolure s'allonger, la main n'en doit pas moins tenir absolument la tête, en même temps qu'elle continue à obtenir une légèreté relative qui consiste à ne pas laisser le cheval peser à la main et à ne pas lui résister soit par le poids, soit par la contraction. Quant à la mobilité de la mâchoire, elle diminue à mesure que la vitesse augmente, mais elle doit reparaître quand la main agit.

Du galop allongé. — On y exercera le cheval en partant d'un petit galop réglé et en lui faisant prendre successivement des vitesses de plus en plus grandes, mais chaque fois uniformes et bien réglées.

Arrêter court étant à la charge. — Pour exercer un cheval à s'arrêter court étant à la charge, il faut d'abord l'habituer, s'il n'y est déjà, à relâcher sa bouche dès que la main le lui demande ; puis, pour obtenir l'arrêt, il faut, dans les commencements, employer une force de poignets suffisante pour produire l'immobilité. Dès qu'elle est obtenue, reculer immédiatement.

Il faut se méfier, en instruisant ainsi le cheval qu'il ne prenne l'habitude de s'arrêter court sans qu'on ait l'intention de le lui demander, ce qui peut avoir les plus graves inconvénients

Autre moyen d'obtenir l'arrêt subit : sentir la bouche du cheval en élevant les poignets, fermer les jambes énergiquement et, en même temps, abandonner tout d'un coup la tête qui s'abaisse avec l'encolure tandis que le cheval s'arrête net. Il est bien plus facile à enseigner et à obtenir que le précédent, et il présente moins que lui, le danger d'habituer l'animal à s'arrêter sans qu'on le lui demande.

Fouaillement de queue. — Ils ne proviennent que d'une mauvaise contraction des muscles de la croupe. Si cette partie ne se contracte que pour pousser en avant, les fouaillements ne se produisent pas. Il faut donc éviter le plus possible d'opposer la main aux jambes tant qu'il y a fouaillement afin de donner plus facilement aux forces la direction d'arrière en avant. Quand le cheval ne revient plus sur lui à l'approche des jambes ou des éperons, et que, à ces actions les jarrets s'engagent bien franchement pour pousser, les fouaillements disparaissent. C'est qu'il n'y a plus alors dans la croupe que les contractions propres à produire l'impulsion.

SAUTS D'OBSTACLES

On ne doit les commencer à cheval que quand on est sûr de pouvoir conduire son cheval comme on le veut. Aller très progressivement. Récompenser beaucoup. Surveiller surtout sa tenue ; elle influe énormément sur l'adresse du cheval et sur la puissance du saut. Il est essentiel de conserver plus que jamais l'indépendance de chaque partie du corps. Je veux dire par là que les cuisses doivent pouvoir serrer la selle de toute leur force, sans que leur contraction n'influe en rien sur les reins qui doivent conserver toute leur souplesse, ou sur l'assiette qui doit rester inerte sur la selle. De même il faut pouvoir crisper les genoux et le gras des mollets sans serrer les talons armés d'éperons ; laisser les poignets et les bras suivre la tête du cheval, comme un caoutchouc très extensible partant de l'épaule du cavalier et s'attachant au mors, tout en fermant énergiquement les doigts.
Quand, au galop, le cavalier penche le corps en avant, l'assiette quittant la selle, les fesses ne doivent pas moins être portées en avant et non en arrière et en l'air. C'est-à-dire qu'il faut rester assis (les fesses le plus en avant possible). A mon humble avis les vertèbres

lombaires et le bassin doivent se plier en avant, au-dessous du cavalier et non en arrière et en l'air.

Quant aux sauts extraordinaires dont je vois des comptes rendus dans les journaux sportifs, ils ressortent de l'acrobatie et je doute que l'équitation en tire profit.

FIXER

Quand le dressage est terminé, il faut rendre le cheval fin aux aides. La main ne doit agir que par indications moelleuses et fixes et il ne doit plus être question de demi-arrêts ni de vibrations.

Petites attaques de l'éperon. — Si les mollets n'obtiennent pas l'obéissance immédiate, toucher aussitôt de l'éperon ou des deux éperons. De même, si une position se perd, si une action se raccourcit, petite attaque.

Quand on veut arrêter par un effet d'ensemble, il faut d'abord que le cheval soit léger. Si la mâchoire résiste, petite attaque des deux éperons.

Les jambes doivent tomber naturellement, verticalement et ne toucher le cheval que s'il est nécessaire; le plus rarement possible. Il ne faut employer ni appels de langue, ni demi- arrêts, ni vibrations.

C'est alors qu'on peut manier un cheval sans avoir l'air de s'en occuper.

Le ramener outré. — La légèreté s'obtenant facilement aux trois allures avec *l'élévation maxima de l'encolure,* il faut arriver au ramener outré.

Pour cela, prendre d'abord les rênes de filet croisées dans la main gauche, les ongles en dessous, le petit doigt restant en dehors ; la main droite se plaçant sur la rêne droite.

Fermer la main gauche convulsivement en sentant la bouche du cheval, mais *sans tirer* (suggestion).

Dès que la légèreté se manifeste, la tête du cheval s'abaisse petit à petit et la main suit le mouvement d'abaissement du bout du nez, le menton touchant presque le poitrail. Si la tête au lieu de céder, veut sortir, la main s'y oppose en se contractant avec une grande force, mais toujours *sans tirer.* On arrive en même temps à l'appui des éperons et on les laisse appuyés jusqu'au relâchement complet de la mâchoire.

Si le cheval est alors laissé libre, la tête se relève lentement après être restée un instant immobile.

Quand le ramener outré est pris par les rênes de filet on entend un craquement caractéristique. (Molaires sur les canons du mors).

Obtenir ensuite le ramener outré par les rênes de bride, puis par une rêne isolée.

L'obtenir étant au pas. Puis, quand il se prend bien au pas, l'obtenir au trot, puis au galop.

Le prendre au piaffer et revenir au reculer et à l'arrêt.

Enfin, le demander à toutes les allures et exécuter tout le travail enseigné au pas, au trot et au galop le cheval restant en ramener outré. Plus de mouvements de jambes ; l'éperon si le cheval n'obéit pas aux jambes.

LA VRAIE POSITION

Le ramener outré étant complet à l'arrêt élever l'encolure le plus possible en agissant de bas en haut *sans employer aucune force et sans tirer,* la tête du cheval restant au ramener complet.

Passer souvent des trois allures au reculer et inversement en restant au ramener outré. Mouvements de deux pistes. Descentes de main. Piaffer.

L'élévation maxima de l'encolure combinée avec le ramener outré donne la vraie position, qui, dès lors, ne se perd plus. C'est la position que le cheval en liberté prend de lui-même quand il veut déployer toute sa majesté.

DONNER AU CHEVAL TOUT LE BRILLANT QUE COMPORTE SON ENSEMBLE.

Le talent de l'écuyer consiste en la circonstance, à faire prendre au cheval la position qu'il prend quand, étant en liberté, il veut faire le beau.
L'éclat, en haute école, est produit par l'avant-main, c'est donc cette partie du corps qu'il faut habituer à se tenir le plus élégamment possible. On y arrive en donnant à l'encolure la position du col de cygne par l'élévation de l'encolure combinée avec le ramener outré, et en donnant aux gestes des membres antérieurs le plus possible d'élévation et de vigueur au moyen des petites attaques. C'est là le rassembler, qui, à toutes les allures, « anime, réveille, surexcite l'activité, donne la vie et le brillant. »

ÉQUITATION DE FANTAISIE ET HAUTE ÉCOLE

L'équitation de fantaisie est un luxe qui passionne et procure d'exquises satisfactions à celui qui la pratique. Elle est souveraine pour instruire le cavalier dans la connaissance du cheval et pour lui apprendre le bon et juste emploi des aides.
Cependant, il ne faut pas confondre ; elle est utile pour arriver à la perfection, mais elle présente de graves inconvénients si elle s'éloigne de l'équitation savante, de la haute école. Ainsi, un animal dressé au

passage et au pas espagnol est insupportable en maintes circonstances. Dans un groupe de cavaliers par exemple, s'il s'excite, il transforme en défenses les gestes qu'il a appris à exécuter ; il passage malgré son cavalier ou il lance ses membres antérieurs en avant à la plus petite action de la main, à moins qu'il n'en soit empêché par un effet d'ensemble.

Le cavalier monte en haute école au contraire, quand, sans faire aucun mouvement de fantaisie, il maintient son cheval à l'allure qu'il veut et en légèreté.

Le comte de LUBERSAC montait ses chevaux de dressage au *pas seulement* et, quand ils sortaient de ses mains, ses élèves les trouvaient parfaitement dressés à toutes les allures, et, à ce propos le général L'HOTTE a écrit : « LUBERSAC prouvait simplement qu'il avait le tact assez fin pour sentir au pas « toutes les résistances quelque légères qu'elles fussent, et qu'il savait les détruire jusque dans leurs dernières racines ».

(Un officier de cavalerie », page 304).

Le général L'HOTTE a écrit aussi : « C'est dans la perfection que peut atteindre l'emploi des forces du cheval que se trouve l'expression de la suprême légèreté. Lorsqu'aucun des ressorts du cheval ne résiste ou ne reste inerte à nos actions, lorsque tous peuvent être mis en jeu, s'animer et vibrer à l'effleurement de nos aides, point n'est besoin de rechercher des mouvements compliqués pour éprouver des « jouissances infinies ». (« Un officier de cavalerie », page 127).

Mais si le général L'HOTTE ou d'autres écuyers inimitables ont pu trouver des « jouissances infinies » dans la légèreté accompagnant les mouvements les plus simples, cela ne veut pas dire que nous autres, modestes amateurs, nous soyons tenus pour avoir droit aux satisfactions données par l'équitation savante, à ressentir l'impression que produit la suprême légèreté dans un simple tourner ou dans une marche directe au pas. Heureusement il n'en est rien et je crois qu'avec un peu de goût et beaucoup d'attention, tous les cavaliers peuvent arriver à dresser suffisamment leurs chevaux pour se risquer dans la haute école. Ce n'est pas difficile, car il suffit de rendre léger à la main, puis léger aux jambes. Il ne reste plus alors qu'à *assembler,* c'est-à-dire à accorder l'obéissance à la main avec l'obéissance aux jambes. Ce résultat essentiel obtenu, il est aisé de faire vibrer les ressorts capables de produire les mouvements désirés.

Le pianiste joue facilement et avec plaisir sur un instrument bien accordé qui le charme lui et ses auditeurs, tandis que sur un piano non ou mal accordé, l'artiste le plus habile ne saurait produire que de la cacophonie

Accordons donc les ressorts de notre cheval, d'abord en les faisant vibrer ensemble dans les allures naturelles, ensuite, étudions le *rassembler.* Et, dans cette voie nouvelle. N'oublions jamais ces recommandations fondamentales du général FAVEROT de KERBRECH :

La leçon doit être pour le cheval comme pour le cavalier, un jeu instructif qui n'amène jamais la fatigue.

Demander souvent, se contenter de peu, récompenser beaucoup.

TRAVAIL A PIED

Piaffer. — Rassembler rythmé. Si les membres antérieurs ne s'élèvent pas autant que les membres postérieurs, toucher-le poitrail avec la cravache. Si les membres postérieurs ne s'élèvent pas assez, frappez la croupe par de petits coups secs.

Passage. — Avancer insensiblement étant au piaffer, 10 à 15 centimètres à chaque temps.

Trot en arrière. — Reculer d'un pouce ou deux à chaque temps de piaffer. Ces deux airs sont d'autant plus beaux que le cheval gagne moins de terrain en avant ou en arrière, et que le soutien de chaque bipède diagonal est plus élevé et plus prolongé, la légèreté demeurante intacte.

Extension des membres antérieurs. — Se placer en avant et à gauche du cheval, l'animal étant sur la piste à main gauche ou contre un mur ou un obstacle empêchant les hanches de se porter à droite. Demander la légèreté par une des rênes gauches, toucher de la cravache par petits coups répétés à une seconde d'intervalle, l'avant-bras du membre antérieur gauche jusqu'à ce que le cheval l'ait légèrement soulevé. Récompenser dès que le pied se détache du sol — Tâcher — c'est très important — que le membre restant plié, le genou s'élève très, très haut avant l'extension. Si l'extension se fait avant, l'horizontalité ne s'obtient pour ainsi dire jamais à l'arrêt.

En exigeant chaque jour un progrès même inappréciable, on arrive à l'extension complète et horizontale de chaque membre ; un résultat obtenu par un membre, le demander par l'autre membre. Agir de la rêne avant de toucher de la cravache — en arriver à employer la rêne seule — replacer le cheval bien droit et d'aplomb par la cravache qui cesse de toucher l'avant - bras dès que l'immobilité du corps ou des membres postérieurs ou le calme disparaissent.

Pas espagnol. — Légèreté. Faire élever un membre antérieur. Pendant l'extension horizontale, toucher le poitrail avec la cravache pour provoquer un pas en avant. Arrêter. Légèreté. Se servir de moins en moins de la cravache et de plus en plus des rênes. L'allure doit être aussi lente que le cavalier le désire.

On veut toujours aller trop vite. Ne pas avancer avant d'avoir obtenu l'horizontalité du membre.

L'extension des membres antérieurs et les airs qui en découlent ne sont pas admis ; je crois, par la fédération équestre internationale, mais il n'en est pas moins utile de pratiquer ces exercices. Quant à moi, je n'ai obtenu le beau piaffer de Mabrouk et de Vallerine qu'après les avoir mis au trot espagnol.

TRAVAIL A CHEVAL

Piaffer. — C'est le rassembler rythmé. Pour l'obtenir, il faut, le cheval étant arrêté, demander le rassembler. C'est la cadence qu'on doit chercher à obtenir ; elle vient seule, quand le cheval se calme et il s'agit seulement de la ralentir, en même temps qu'on donne plus d'élévation aux extrémités. Pour cela, appliquer le plus possible le principe « main sans jambes et jambes sans main ».

D'abord, la main pour demander la légèreté, puis les jambes seules, puis la main seule pour recevoir l'action produite par les jambes qui se desserrent aussitôt. Toutefois on peut ne laisser qu'un intervalle à peine appréciable entre l'emploi de la main et celui des jambes. Beaucoup de descentes de main et de jambes et amener au plus vite le cheval à continuer les rênes sur le cou, sans main, sans jambes et sans appels de langue, la cadence qui lui est indiquée.

Presque toujours, le cheval jette sa croupe de côté et voici, mot à mot, ce qu'a écrit le général FAVEROT à ce sujet :

« Quand dans son piaffer, le cheval a la croupe de travers, c'est toujours parce qu'il oppose à la main une résistance de force. La croupe de travers est l'effet. La cause, c'est la résistance de force. Il faut la détruire. On y arrive par un balancement de main de droite à gauche et de gauche à droite, sorte de vibration moelleuse et régulière. On commence ce balancement pendant le piaffer et on le continue tant qu'il le faut, longtemps si c'est nécessaire, même si l'animal recule un peu. On se borne, alors, à diminuer l'intensité de l'effet de la main ».

Dès que la légèreté vient, tout se redresse, le reculer cesse, le piaffer devient bon.

Passage. — Le général FAVEROT DE KERBRECH a ainsi défini le passage :

« Quand le cheval piaffe très bien sur place avec soutien et cadence on demande le piaffer en avançant; c'est le passage.

Dans cette allure artificielle, on ne doit avancer que très peu, de deux ou trois pouces environ à chaque foulée. Pour que le passage soit régulier, il faut qu'il soit très moelleux ; les mouvements doivent être arrondis, les membres se ployant gracieusement en cadence. Il doit être la conséquence d'une concentration des forces, du rassembler et ne pas sembler dur pour le cavalier. »

Il n'a donc que peu de rapport avec ce trot saccadé, heurté, convulsif et fort désagréable à l'homme, auquel on donne souvent le même nom ».
Et le général L'HOTTE a écrit :
« La perfection permet d'aller par gradations insensibles, du passage sur place, du piaffer, au passage le plus étendu, le plus énergique, puis de revenir au piaffer, toujours en coulant et en parcourant toute la gamme ascendante et descendante, sans que jamais se produisent de modifications brusques dans la nature des mouvements. Cette perfection ne peut être atteinte qu'en maintenant d'une manière constante l'activité du jeu des ressorts, conjointement avec leur souplesse.
Elle exige lorsque le passage est porté à sa plus grande extension, que les ressorts tout en se tendant, demeurent flexibles, et lorsqu'il est raccourci, lorsqu'il descend jusqu'au piaffer, il faut que les jarrets tout en s'engageant sous la masse, conservent l'énergie de leur jeu, et que les genoux bien que s'ouvrant, se lèvent avec action, tout en se portant en avant, comme si le cheval voulait gagner du terrain ».

Trot en arrière. — C'est le reculer en piaffant. Chaque bipède diagonal doit se poser à quelques centimètres seulement en arrière de l'autre, après être resté un certain temps au soutien.
Agir très légèrement de la main. Descentes de main, puis maintenir par les talons la cadence qui tend à se

perdre. Forcer les membres à se lever et à se poser ensemble diagonalement, au lieu de se traîner à terre en précipitant le reculer au pas, ce qui arrive infailliblement dans les commencements si les jambes n'agissent pas pour maintenir la cadence.
Il ne faut pas confondre le reculer aux différentes allures avec l'acculement. Le reculer est une marche régulière et bien nette, bien franche, en arrière.
En dressage, pour l'obtenir au trot, il faut que les talons du cavalier soient très vigilants, afin de conserver l'action nécessaire à la détente des ressorts de bas en haut.

Extension des membres antérieurs. — Étant arrêté, demander la légèreté, puis, pour faire lever la jambe droite, par exemple, opérer sur la rêne de ce côté, une demi-tension dans la direction de la hanche gauche. Fermer aussitôt les deux jambes, et quand leur pression fait passer les forces en avant, s'opposer par le même effet de rêne à ce que le cheval avance.
Tout le poids étant sur l'épaule gauche et l'épaule droite étant libre, la jambe antérieure droite se lève d'autant plus volontiers, que le cheval a déjà été habitué à la soutenir par obéissance à l'action de la rêne droite.
On récompense à la moindre obéissance, et, en exigeant chaque jour un peu plus. On arrive à obtenir l'extension complète aussi longtemps qu'on le veut. Il

faut aussi exiger l'élévation du membre, avant qu'il ne s'étende.

Pas espagnol. — Quand le cheval étend bien chacun de ses membres antérieurs en avant, c'est le moment de commencer à lui apprendre le « pas espagnol ». Toutefois, il ne faut pas l'enseigner avant que les membres ne s'élèvent et ne se maintiennent très haut. On se repent toujours d'avoir été trop vite. Il faut fermer les jambes pour pousser le cheval en avant quand un des membres antérieurs est bien étendu. Un pas exécuté, récompenser, demander un pas avec l'autre jambe étendue, récompenser encore et ainsi de suite. Petit à petit, on arrive à obtenir le pas espagnol, le cheval conservant sa légèreté, en se servant de la main seule qui agit par des effets de moins en moins forts produits de bas en haut, de droite à gauche et de gauche à droite.

On doit exercer le cheval à exécuter le pas espagnol très lentement ou un peu vite, à différentes vitesses. Si on néglige de faire donner l'extension complète, le cheval prend vite l'habitude de ne pas tendre la jambe complètement. Il faut, en élevant un peu la main à chaque lever de jambe, faire marquer au moyen d'un demi-arrêt, toute l'extension possible.

Trot espagnol. — Le cheval exécutant bien le pas espagnol en restant léger, le mettre à cette allure et le pousser des talons tout en portant les mains à droite et à gauche, de façon à aider le lever de chaque membre antérieur. A mesure que l'animal prend l'habitude de rapprocher les battues, du pas espagnol, on accélère cette allure de plus en plus, de manière à obtenir insensiblement la naissance du trot, lequel se produit, comme on sait, quand les foulées du pas, après s'être rapprochées de plus en plus, finissent par se confondre deux deux, diagonalement.

Quand on a obtenu une foulée de trot, on arrête, on récompense et on recommence.

Quand l'animal a saisi et qu'il exécute deux ou trois foulées de trot espagnol, passer au pas, rétablir la légèreté et reprendre le pas espagnol avant de redemander le trot espagnol.

La main se déplace de moins en moins. Tâcher bientôt d'obtenir que la cadence se continue avec un peu d'extension pendant un pas ou deux en abaissant la main.

Arrêter aussitôt pour récompenser. Être très peu exigeant, d'abord, se contenter de peu. Recommencer et essayer de se passer de la main. Reprendre le cheval dès qu'il s'abandonne. Si la vitesse augmente au moment où la main s'abaisse, rétablir avant tout l'équilibre, demi-arrêt au besoin pour empêcher le poids de passer en avant.

Il faut arriver le plus tôt possible à se passer de toutes les aides, dès que le trot espagnol est bien énergique, bien régulier, et que l'équilibre persiste, c'est-à-dire que la légèreté demeure inaltérée.

Observations. — I° Au début, en cherchant à déterminer le trot espagnol, il faut tâcher de ne pas augmenter beaucoup la vitesse, et de ne pas précipiter la cadence, en laissant traîner les membres postérieurs. Il est donc nécessaire que, tout en fermant les jambes d'une façon constante pour donner et maintenir l'impulsion, le cavalier fasse des mollets et alternativement, des appuis plus marqués, au moment où chaque membre antérieur va s'étendre. Le résultat est l'élévation des membres postérieurs. Faire très peu de foulées de suite dans les commandements ; c'est l'élévation des membres qu'il faut exiger. Il faut, comme toujours, faire peu mais bien.
Lorsque le cheval commence à aller au trot espagnol, il tire sur la main, il lève à peine les extrémités postérieures et pas beaucoup celles de devant ; il va vite et le poids se porte en avant. Il faut alors ramener le poids sur les hanches en élevant les mains et en s'efforçant de ralentir tout en maintenant le trot espagnol avec les talons.
Cette allure est fort difficile à enseigner et, tant qu'elle ne se fait pas bien, le cavalier éprouve des déplacements désagréables et disgracieux. Quand la légèreté arrive, les heurts disparaissent, l'allure se fait et se supporte plus aisément, mais, pour en arriver là, le cavalier doit bien se garder de se contenter d'à peu près et de se laisser emmener par le cheval appuyé.
Dans le trot espagnol, le cheval est très assis et il se cadence très lentement, en jetant ses membres

antérieurs en avant et très haut, quand l'allure est bien exécutée.

Le trot espagnol est le plus puissant moyen de donner aux mouvements des épaules leur extrême développement.

Trot à extension soutenue. — Le trot à extension soutenue est un trot vif, dans lequel le cheval tend, étend ses membres antérieurs horizontalement.

On y parvient le plus facilement en passant d'abord du pas espagnol au trot espagnol qu'on allonge et qui bientôt, devient un trot franc, rapide même, mais dans lequel le cheval jette ses membres antérieurs en avant horizontalement et non très haut comme dans le trot espagnol.

Cette allure est des plus brillantes ; elle se demande par des soutiens de main, alternés avec des poussées de jambes.

Balancer des hanches, les épaules marchant droit. — Le balancer des hanches s'apprend, on le conçoit, en portant les hanches à droite et à gauche alternativement, sans déranger les épaules qui doivent continuer à marcher droit devant elles, sans être influencées par le mouvement des hanches. Il faut agir très discrètement au début. Le difficile est de donner le mouvement en avant; aussi, est-il bon de ne pas maintenir le cheval tout à fait en place en donnant la leçon. Si on le laisse avancer un peu en apprenant à ranger les hanches, il sera facile à porter en avant quand il aura appris à sauter d'un pied postérieur sur l'autre. Un cheval qui se met facilement au passage cherche à prendre cette allure dès qu'on lui demande le balancer des hanches. Il faut, pour l'en empêcher, agir bien nettement du talon, qui doit déplacer les hanches, et mollir du talon opposé.

A la F.E.I., on compte comme une grosse faute le balancement des hanches au passage tant qu'il ne semble pas produit intentionnellement par le cavalier, c'est-à-dire quand il n'est pas très accentué. Il ne faut donc pas que le cheval s'habitue à exécuter ce mouvement sans y être invité.

Galop en arrière. — C'est plutôt un tour de force qu'une allure.

Pour l'obtenir, il faut commencer par habituer le cheval à se rassembler facilement, à « se pelotonner » en se cadençant sur place « piaffer ».

Puis, on le met à un galop ralenti, qu'on ralentit de plus en plus de façon que le cheval galope de lui-même très, très ralenti. On arrive, ainsi, au galop sur place, mais il faut que ce galop soit bien vibrant, que le cheval, en boule, se cadence de lui-même. Alors, on essaie de marquer, très délicatement, un temps de reculer sur le mors, au moment où l'avant-main est en l'air, pour la faire retomber à un ou deux pouces en arrière du point sur lequel elle était au temps précédent.

On active un peu le galop avec les jambes, et l'on fait ainsi des temps de reculer avec la main, suivis de légers coups de mollets pour entretenir le mouvement de bascule de l'allure. C'est long à apprendre, et l'on ne peut reculer que très peu à chaque foulée, bien entendu.
Lorsqu'on est arrivé à avoir le galop sur place bien cadencé et vibrant, le cheval le faisant presque avec descente de main et de jambes, on obtient très facilement le galop en arrière.

Galop sur trois jambes. — Pour y arriver, mettre le cheval au galop ralenti. Arrêter, et, aussitôt faire lever le membre antérieur du côté sur lequel on galopait. Repartir au galop, arrêter, faire en même temps lever encore le membre antérieur et repartir au galop en tâchant de maintenir en l'air le membre levé. Le moindre résultat obtenu, arrêter, récompenser et recommencer.
Quand le cheval sait maintenir un membre levé au galop, on lui apprend à maintenir l'autre.
Le plus difficile est de conserver toujours le calme chez l'homme comme chez le cheval.

Passage de deux pistes. — C'est un travail difficile et très délicat. On exerce le cheval par les moyens indiqués pour exécuter le travail sur les hanches, mais il faut beaucoup de tact et une grande modération dans les exigences.

Avant d'entreprendre ce travail, on doit avoir obtenu les appuyers d'une façon parfaite au pas et au trot. De plus, il faut souvent revenir à ces derniers appuyers, afin que le cheval ne prenne pas l'habitude de se mettre au passage sans que le cavalier le lui demande, lorsqu'il doit appuyer simplement au trot.

Passer d'une allure à une autre. — On apprend à un cheval à passer d'une allure à l'autre en demandant celle qu'on veut donner, aussitôt qu'on a cessé celle à laquelle on marchait. Il faut être très circonspect dans ces sortes de jeux, car l'animal finit par devenir si impressionnable que le moindre effet involontaire le fait agir sans le désir du cavalier.

Il arrive souvent aussi que le cheval, pour se soustraire à des exigences qui lui déplaisent et ne pas exécuter ce qui lui est demandé, prend une autre allure. Ordinairement, il l'exécute beaucoup plus brillamment qu'il ne le fait quand on veut l'y faire marcher, mais il ne faut absolument pas le laisser faire. Si, en effet, le cavalier néglige cette désobéissance, il sera bientôt incapable d'obtenir l'allure qu'il recherchait d'abord.

L'extension des membres antérieurs et aussi le piaffer sur place où en avançant (passage) sont particulièrement employés par le cheval comme moyens de défense.

ÉPILOGUE

A l'extérieur on tend à la perfection par la pratique. En haute école on peut essayer de l'approcher par l'observation, le travail et le talent. Mais le talent du cavalier de même que le dressage du cheval, est indéfiniment perfectible et la perfection ne réside pas dans la multiplicité ou la bizarrerie des allures artificielles, qui peuvent être variées de bien des manières suivant la fantaisie du cavalier. Elle se trouve dans la pureté des mouvements.

« Cette pureté repose sur la mise en jeu par le cavalier et sur l'emploi que fait le cheval, des seules forces utiles au mouvement envisagé. »

Pour l'obtenir avec cette perfection, il faut donc faire disparaître toutes les contractions qui lui sont contraires, inutiles, c'est-à-dire toutes les résistances. C'est dans la perfection que peut atteindre l'emploi des forces du cheval que se trouve l'expression de la suprême légèreté (Général « l' Hotte ».)

Et la suprême légèreté, c'est l'équilibre parfait.

La théorie du dressage est peu compliquée. La base de tout est l'impulsion, mais l'impulsion est inutilisable seule, il faut la légèreté qui s'obtient en accordant la légèreté à la main avec la légèreté aux jambes.

J'attire votre attention sur le chapitre « fixer », rendre fin aux aides. Le principe en est : l'action de l'éperon est *toujours,* de porter le cheval en avant, sur la main. Dans le fixer, en remplaçant l'action des jambes par l'éperon, le général FAVEROT en revient tout simplement au « pincer de l'éperon » que PLUVINEL expliqua ainsi à son royal élève Louis XIII : « Sire, pincer son cheval lorsqu'il « manie est presser tout doucement les deux éperons où l'un d'iceux contre son ventre, non de coup mais serrant délicatement, ou fort selon le besoin à tous les temps...

Mais où il ne répondrait pas assez rigoureusement aux aides de la jambe, il faudrait en demeurer là si le cheval « ne souffrait le milieu d'entre le coup d'éperon et l'aide de la jambe qui est le pincer que je viens de dire et que fort peu de gens pratiquent volontiers par faute de savoir.

Et le comte D'AURE a écrit dans son cours d'équitation de 1853 : « La Guérinière fit faire à l'art français un progrès incontestable. Pratiquant un travail qui tendait beaucoup à assouplir les hanches et les épaules, il conservait à la bouche une légèreté extrême, et ne considérait, un cheval ajusté que lorsque, fidèle à l'action des jambes, à l'attaque ou au pincer de l'éperon, il se dirigeait et se maintenait placé du devant par la simple pesanteur des rênes».

Comparez s'il vous plaît, cette exigence de la Guérinière, le « Père de l'équitation française » avec la demi-tension des rênes et le frôlement du pantalon du général FAVEROT, et vous verrez que les deux principes n'en font qu'un et sont précisés par cette règle du général L'HOTTE. « La véritable légèreté consiste pour le cavalier, à avoir le cheval léger aux jambes autant qu'à la main, c'est-à-dire à l'avoir toujours coulant et comme insaisissable dans les talons, à moins toutefois que la main ne s'oppose au mouvement en avant ».

Et c'est parce que le général L'HOTTE savait obtenir cette légèreté qu'on a pu écrire de lui : «Ce qui frappait particulièrement, c'était l'immobilité du cavalier. Pas un mouvement n'était apparent et le cheval semblait se livrer de lui-même à ces mouvements variés pour lesquels aucune initiative ne lui était cependant jamais permise (baron de VAUX, « les hommes de cheval, ROTHSCHILD 1888) ».

En entrant au cadre de réserve, le général L'HOTTE avait emmené avec lui trois chevaux : Glorieux, Domfront et Insensé. Il les montait tous les jours dans une sorte de petit manège, qu'il avait fait établir derrière sa maison. Parfois il invitait des amis, des officiers de la garnison à assister à son travail. Bien des hommes de cheval ont sollicité cette faveur et ont fait de Paris, de Saumur, de l'étranger même, le pèlerinage de Lunéville pour voir le vieil écuyer exécuter avec ses chevaux le travail le plus brillant et le plus savant en obtenant d'eux cette suprême légèreté qui avait été son but constant et sans que le spectateur le plus attentif pût apercevoir un seul mouvement de ses aides (Un officier de cavalerie, appendice page 395).

Le vicomte D'ABZAC âgé de plus de quatre-vingts ans ayant entendu dire qu'en équitation « tout était connu » riposta : « Eh bien ! tous les jours encore, moi, j'apprends quelque « chose de nouveau ».

Et, à soixante quinze ans, le général L'HOTTE écrivait : « Malgré mes soixante ans de pratique, j'apprends encore chaque jour quelque chose et je ne descends pas de cheval sans avoir une observation nouvelle à consigner .

J'ai cité PLUVINEL parce qu' au XVIe siècle l'art équestre prit en Italie une forme nouvelle, et que les écoles italiennes propagèrent leur lumière sur toute l'Europe; les plus renommées étaient celles de Naples et de Ferrare où brillaient Frédéric GRISON, CÉSAR FIASCHI et PIGNATELLI.

La réputation de PIGNATELLI, le plus célèbre de tous, s'étendit dans toute l'Europe. C'est près de ce grand maître que LA BROUE pendant cinq ans, PLUVINEL pendant six ans, allèrent s'initier aux secrets de l'art nouveau et puiser les principes qu'ils répandirent ensuite en France (Général « L' HOTTE, un officier de cavalerie, page 271) ».

Cela semble plus que bizarre de notre temps parce que jadis on cherchait à étudier l'art, tandis qu'aujourd'hui on désire surtout monter des chevaux faisant croire au public que leur cavalier est un maître. En outre certains professionnels, même de grande réputation, font ce qu'ils appellent de l'équitation commerciale, qui consiste à apprendre au cheval à obéir aux aides employées plus ou moins brutalement, sans légèreté, et à exécuter au plus tôt, toujours sans souci de la légèreté, des gestes brillants permettant de les vendre le plus rapidement possible à des amateurs désireux de paraître écuyers.

L'énergie du geste a quelquefois une cause étrangère au talent et elle est même souvent plus grande quand le mouvement est employé comme défense que par obéissance.

Ce qu'il faut, c'est la perfection du geste, c'est-à-dire le geste demandé et exécuté en légèreté.

Je le répète, un travail ordinaire avec légèreté à une allure quelconque est de l'équitation savante, tandis que le trot espagnol vibrant d'un cheval braqué sur son mors, et dressé par un truc quelconque, n'a, tout éclatant qu'il soit, que peu de rapport avec l'art.

LA GUÉRINIERE voulait le cheval léger par « la diligence des hanches, dans la balance des talons avec la pesanteur des rênes ».

Le général FAVEROT employait La demi-tension des rênes et le frôlement du pantalon pour obtenir le rassembler « qui anime, réveille, surexcite l'activité, donne la vie et le brillant et permet d'asseoir le cheval, de diminuer sa base de sustentation et de donner de la hauteur aux différentes allures ».

Ne perdez jamais de vue que la base de l'équitation savante est le rassembler, qui, en se rythmant, devient le piaffer.

C'est donc par le piaffer (rassembler) qu'il faut commencer le dressage du cheval mais, ordinairement, on n'étudie le rassembler qu'en entrant dans l'équitation de fantaisie, et à ce sujet, laissez-moi, s'il vous plaît, vous donner un conseil formel en terminant.

N'oubliez pas :

I qu'en dressage, on veut toujours aller trop vite.

2 que pour arriver promptement il faut aller très lentement, mais assurer chacun de ses pas.

A la page 5 d'Extérieur et haute école, j'ai mis : En 1776 DU PATY DE CLAM, ancien mousquetaire, s'est écrié dans « son discours à l'Académie des Sciences, Belles-Lettres et Arts de Bordeaux : Mais, il ne faut pas espérer que l'on puisse donner ce tact, ce discernement délicat qui appartient à la pratique. Cet art contient une infinité d'industries singulières, inconnues à ceux qui ne l'exercent pas souvent, peu observées par ceux qui l'exercent et négligées par les savants les plus universels, merveilleuses et ravissantes dès « qu'elles sont vues par des yeux éclairés. La carrière est « immense et les auteurs classiques, s'il y en avait, ne seraient « pas suffisants, pour rendre écuyer.

Ce tact, ce discernement délicat indispensable dont il est question ne s'acquiert que par un travail soutenu et de longues observations. Cependant, il faut moins que jamais se décourager et les amateurs actuels ont la plus heureuse des chances, car ils peuvent se guider sur « Piaffer et passage » du général DECARPENTRY (Oberthur, Rennes).

Étudiez consciencieusement, si vous m'en croyez, les enseignements de ce précieux traité de haute équitation. C'est un savant ouvrage contenant, en plus des indications doctrinales nécessaires, les observations sévères faites par un écuyer d'une compétence unique, sur les péripéties d'un dressage au piaffer et au passage, entrepris par un virtuose de l'équitation sur un cheval de pur sang anglais déjà parfaitement mis.
Cette critique de l'étude du piaffer vaut plus que la pratique de toute une vie d'écuyer. Et, si vous vous appliquez à bien la comprendre, ce qui est facile, elle remplacera pour vous des années de la pratique la plus attentive faite sans son secours.
Interrogez vos amis les écuyers de l'école d'équitation de Fontainebleau, ce nouveau Muséum de ce que l'art équestre peut produire de plus beau et, qui, aux premiers jours de la paix, prendra la tête de la Fédération équestre internationale.
Ces messieurs vous répondront que la passion du
Noble art (je ne dis pas le désir d'être admiré) est un gage de réussite pour qui veut travailler, mais ils vous répéteront cette maxime de Rousselet « En équitation

pratique les progrès sont lents, et encore faut-il faire preuve d'une grande sagacité ».

Aucun artiste, d'ailleurs, n'a été remarquable dans son art s'il n'en avait pas la passion et le génie ».

Peut-être, ajouteront-ils aussi que, seule Jeanne d'Arc, la Lorraine, devint instantanément le cavalier et le grand capitaine qui sauva la France... Seulement, chez elle, l'art comme le patriotisme et le génie, était divin.

Dax, le 4 août 1943.
E. BEUDANT.